JN411745

유리온실

문학공원 시선 154

유리온실

한숭홍 시집

문학공원

序詩

시 쓰기의 나체주의

자서전을 쓸 인물도 아닌데
밤새워가며 글을 끼적거리곤 하다 보면
아침을 맞으며 밤을 잊어버리곤 한다
그리곤 예쁘게 화장한 밤샘 글을 지워버린다
보이는 것은 눈에 안기지만
마음에 스며오는 것은 자연이니
숨김없이 스스로 있는 것이다
알몸으로 멱감으며 물장구치던
천진난만한 시절엔 부끄럼이 없었지
서로 숨길 것이 없었으니
동무들과 가재도 잡고 물싸움도 하며
자연 그대로 마음껏 뛰놀았지
벗은 몸이 부끄러워졌을 땐
에덴에서부터 때 묻혀 온
무언가 숨기려는 부끄러운 짓 때문
아직도 얼굴을 가려야 한다면 말과 행동이
자신에게 죄를 짓고 있기 때문 아닐까
가면 뒤의 얼굴은 위선자의 자화상 이리라
나를 발가벗기는 나체주의 시 쓰기
자연을 노래하며 옷 입혀지지 않은 시 쓰기
나 자신에게 부끄럽지 않은 시 쓰기

나체주의 시성(詩性)으로 나는 나를 써간다
멋진 옷에 가려진 내 모습이 정말 나인가
나의 민낯을 숨긴 내 얼굴이 진짜 나인가
무슨 대단한 시인이라도 되는 듯
주의를 찾고 넋두리 같은 군소리를 하는 것,
그게 시계(詩契)의 감성에는 어울리지 않으리라
하지만 내가 이렇게라도 독백하는 것은
나를 자연 그대로 보여주려 하기 때문이다
얼굴에 돋아나는 검버섯, 깊이 패어가는 주름살,
푸석해져 가는 피부, 몸뚱이마저 성하지 못한…
그게 나고
그 내가 바로 나의 시라네

시란 나를 진솔하게 써놓은 자서전이다

차 례

자서

1부

멈춰있는 시계

2부
사랑의 묘약은 페티시라는 것

3부
꽃으로 피어난 그대여

4부
영혼의 노래

5부
나의 안식처

작품해설

1부
멈춰있는 시계

내 가슴에 애모의 페티시를 채워가며

새벽잠 깨면
그대와 엮어온 시간에 빨려들며
아주 묘한 신비스러움이 모정(慕情)에 섞여
내 몸과 마음을 꿈틀 켠다
그대와 함께 만들어왔던
시간과 공간의 파편
그와 연상된 추억의 조각조각이
내 가슴에 애모의 페티시를 채워가며
밤마다 밀려오는 이 현상
외로움 그리움 미련 애수 슬픔
쓸쓸함 보고픔 눈물 상실감 허탈
이런 것이 뒤섞여 내 가슴을 아리기도 하고
아픔과 아쉬움의 한으로 슬프게도 한다
다시 잠을 자려고 몸을 틀었다
"여보, 잘 자요!"
아무 말이 없다
그런데 벌써 날이 밝아온다

개미들의 행진

3시 30분, 아직 이른 새벽, 어둠의 시간, 나의 생체 시계가 정확한 게 신기하다 물 한 모금 마시고 누워 스마트폰에 손을 뻗었다 이 손버릇도 이젠 습관이 되었다 그리고 침대에 반쯤 기대어 밖을 본다 눈엔 개미들의 행진이 펼쳐진다 청소차가 힘겨운 듯 투덜거리며 지나가고, 밤새 깜빡이던 주황색 등이 꺼지고, 신호등이 제구실할 즈음부턴 밖이 소란스럽다

목줄에 묶인 개들의 해방공간이 된 공원, 배설물 봉지 허리춤에 차고 개 앞세워 오는 꾸부정한 노인, 개 끌고 왔던 길로 급히 돌아가는 아줌마, 시간이 지날수록 개 주인들 발걸음도 빨라진다 개들은 생체의 해방감에 꼬릴 흔든다 개들의 생리도 우리와 다를 바 없을 테니

큰길엔 주황색 통학버스 한두 대씩 모이고, 출근길 차들 꼬리 물며 아파트 단지 벗어나고, 한참 북새통이 지난 후 10시경부터는 한껏 멋 부린 여인들 양산 받쳐 들고 나들잇길, 브런치모임 아니면 어머니회, 여고동창 모임, 그도 아니면… 어쨌든 발걸음 빠르다 주황색 택시 떠나고, 콜택시는 대기 중이다 분주하게 움직이는 도시의 생동감이 경이롭다

그렇게 말하지 마라

사랑이 깊어간다
사랑이 익어간다
그렇게 말하지 마라
깊이에는 한계가 있고
익음에는 죽음이 따른다

사랑은 내가 가진 것
영·혼·육마저 떨쳐버려
나 자신이 무로 되는 것
이 지경에서만 오직
사랑은 영원하다네

그런데 그게 무슨 문제란 말인가

기다리다 지쳐 눈은 침침해져 가고
이젠 몸도 많이 늙어 병들어간다
머리숱도 줄어 모습은 추하게 되었고
얼굴엔 주름이 깊어가며
뺨은 늘어져 탄력이 없다
이젠 그대가 떠나던 날의 내가 아니다
그런데 그게 무슨 문제란 말인가
세월도 내 맘속 그대를 가져갈 수 없거늘
내 늙음이 그대를 보낼 수 있으랴
문제는, 오직 한 가지
젊음은 맑은 호수요
늙음은 깊은 바다라는 것
하지만 아무도 그 속을 모른다는 것이다
그대와 나 외에는

장벽

젊었을 땐 어른의 말씀이
방언처럼 들렸고
늙은 지금엔 젊은이의 말이
난해한 암호처럼 들린다
젊었을 땐 왼쪽 귀로만
늙었을 땐 오른쪽 귀로만
들은 것도 아닌데
이게 세대 간의 장벽인가
해석의 이유를 나이는 숨긴다

나에겐 시간이 많지 않지만

어릴 때 나는 꿈이 많았네
새장 속 새였던 나는 푸른 하늘을 보며
하늘로 날아가는 꿈을 꾸곤 했고
어떤 땐 새장을 부수는 꿈을 꾸기도 했었지
그러자 환상이 내 친구가 되었네

어느 날 내 꿈은 이루어졌고
나는 서툰 날갯짓으로 세상에 첫발을 내디뎠지
그날 나는 흙을 밟으며 새로 태어났다네
이젠 나이가 들어 기력이 쇠해졌지만
아직도 나는 하늘 높이 날아오르는 꿈을 꾼다네

나를 나 되게 한 존재
내 맘에 장미 한 송이 피워준 자연
사랑하고 사랑했던 나와 너, 그리고 우리
나에겐 시간이 많지 않지만
천·지·인의 연 품고 꿈길 떠날 짬시간은 남아있다네

내 몸에 그려진 나부의 소녀

그리움이 신화로 탄생한 소녀야!
연분홍 커튼이 드리워져 있는
너의 아틀리에 화덕 가에서
네 몸을 달궈가는 불꽃은 신성했지
이 밤도 네게선 생명이 농염이누나

삶을 논하여 볼까나, 소녀야!
은하수 눈꽃 되어 쏟아지는 이 밤에
하지만 너에겐 삶이 처녀림 같을 테고
그러면 네 앞에 놓여있는
시원의 순결한 캔버스에
여백이 없도록 많은 그림을 그리려무나
산도 좋다
하늘의 꽃구름은 어떠냐
그 보다 너의 맑은 눈동자를 그리고
오뚝한 코와 미소 짓는 입을 그리고
귀여운 네 뺨을 그리고
목과 팔과 가느다란 손가락도
봉긋이 솟은 젖가슴도
아기집을 감싸고 있는 뽀얀 배와 엉덩이
그 아래 자궁으로 유혹하는 초입
그리고 너의 발끝까지도 그리다 보면

창조주가 거기에 찾아와
생기를 불어넣어 주지 않으랴

오늘이 가는 찰나의 한 곳에서
창조 신화는 이렇게 생명을 틔었지
내 몸에 그려진 나부(裸婦)의 소녀
너는 내 살과 피에 섞여 심장이 되었고
이렇게 우리는 한 몸이 되지 않았니

- 1964.

말작난질

말 풀이놀이 해보세
동물을 뭐라고 하나?
동물
동물?
그래? 그럼 그걸 바꿔 말하면?
물똥
물똥의 동의어는?
설사
설사를 바꿔 말하면?
사설
사설이란?
사사로운 설명서
아닌데
그렇다면 인생 여정의 네(사)가지 설 : 생·노·병·사!
땡, 틀렸음
정답 : 사설이란 횡설수설 4 글자의 함축어
글쎄? 참 아리송하네
사설(社說)이 사설(邪說) 같으니 아리송하지

멈춰있는 시계

아, 젊음의 싱그러움
아름다운 시간이여
해가 바뀌고 세월이 흘렀어도
그리움이 밀려올 때면
젊음은 언제나 그날

성스러운 떨림으로 다가오는
시간과 공간에서
오늘도 나는 그댈 만나오
영원함이란 이런 것일 터
내 시계는 멈춰있어요

몽당연필

살이 잘려나가고 뼈가 깎여도
아픈 기색 티 냄 없이
언제나 몸을 내주곤 했던 너에게서
나는 성스러움을 느끼곤 했었노라
살이 무자비하게 떨어져 나가고
뼈가 거칠게 으스러져 마모되어 갈수록
너는 내게 꿈을 키워주곤 했던 인생의 스승이었지

너무 작아지면 붓두껍처럼 생긴 깍지에 끼워서
조금 남은 살과 뼈마저 발라내다
더는 쓸 수 없어 쓰레기통에 버려져도
원망 한마디 없이 마지막을 받아들였던 너!
그런 너에게서 나는 어머니의 삶을 유추하곤 했었노라

몽당연필! 요즘에 이러면 궁상스럽겠지
소나무에 조그마한 칠판 걸고 공부하던
한국전쟁 통엔 너도나도
미제 통조림 깡통 펴 만든
책받침, 필통, 몽당연필 깍지가 필수 학용품이 아니었던가
피란 시절이라 배움의 환경이 열악했지만
내 가슴에 드리운 무지개는 사라진 적이 없었다네
나는 새날을 기다리며 희망의 속삭임에 잠들곤 했었지

벤치와 유모차

자외선 지수가 높다
이 예보 때문인가
오후 늦게 서야 공원엔
유모차가 하나둘씩 모여든다
벤치 여기저기에선
젊은 엄마들
무슨 이야길 하다
웃고 깔깔대며
오후를 즐긴다
공갈 젖꼭지 빨다
쌔근거리며 잠든 아이
자기 손가락 빠는 아이
엄마 젖 주무르는 아이
이보다 아름다운 모습이
세상 어디 있으랴
나도 내일엔 저 벤치에서
엄마 품에 잠든 갓난애고 싶구나

시간의 한때

내 운명의 때맞춤
만나고 헤어지고
세월에 묻혀 잊히고
과거에 저장되어 추억되며
부단히 현재를 창조하지만
미지의 때는 내 몸을 허물벗기며
영원의 수레바퀴에 나를 던지네

한때의 찰나에 삶이 담기고
인류의 운명이 채워지면
흘러가 역사의 대하를 이루며
시간의 한때에 잠시 머문 것
그래도 그 잠시에 영원이 잠겨
내 맘에 한 송이 장미로 피어나니
낙원의 꽃인들 이보다 심오하랴

아스피린

나의 하루는 혈압 재어 S플래너에 입력하고
카누 커피 마지막 모금 넘기며 시작한다
30분쯤 지나선 아스피린 100mg 한 알이 후식으로 주어진다
오늘 아침까지 대충 7천 정이 내 핏속을 흐르고 있다
이 작은 알약이 무엇이기에
나는 설명서를 읽어가다 안경을 벗어버렸다
대충 50자 × 70줄 = 3,500자의 깨알 같은 설명서
그런데도 아직 혹사당한 눈이 아리다
또다시 용기 내어 읽어가도 알듯 모르는 생소한 용어들
어쨌든 아스피린 한 알의 마법은
나의 하루를 개운하게 한다는 것이다
어쩌다 건너뛴 날에는 찝찝하고 께름칙하니
이 약이 내겐 심리적 안도감까지 제공하는 셈이다
50대 말 즈음에 가정의가
"'심혈관질환 예방약(협심증, 심근경색 등)'인데
하루에 한 알씩 보약 삼아 복용하라"며 건네준 처방전
커피와 아스피린의 궁합은 괜찮나
지금까지 내 뱃속에서 별 탈 없이 지내긴 하던데

유리온실

햇살이 발코니 유리벽 안으로 쏟아진다
꽃은 탄소동화 작용하고
나는 세포 구멍마다 칼슘 채우며
꽃에 말을 건다
"너희들 달보드레하게 키워주던 엄마 생각나니?"
꽃잎이 흐느끼듯 흔들리는 게 내 한숨 때문인가
내 몸은 이미 이곳의 한 식구
해를 나눠 먹고
물을 나눠 마시며
서로 뿜어내는 내음
들숨 날숨으로 평화롭게 공유하며
서로의 시간을 채우고 있다
꽃이 피고 잎이 자라는 시간
내겐 너무 멀리 있어 별빛으로 다가오는
가신님 연모하며 애수에 잠기곤 하는 시간
이젠 해도 많이 기울었는데
아직도 우릴 덮고 있는
우리의 숨결이 섞인 향기와 입김
유리온실의 열기가 꽃잎엔 물 한 모금
내겐 커피 한 잔을 갈망케 한다
날씨가 모처럼 화창한데 한강은 왜 이리 우울한가
검은 물결, 말없이 흐르는 서글픈 표정

강변으로 차들만 바삐 달린다
밥 얻으러 내려가고 올라오는 차들
오늘도 하루 치 늙음이 자동 이체되었다
그만큼의 시간이 내 통장에서 자동 인출되어
이젠 몸뿐만 아니라 통장도 깃털처럼 가벼워졌다
어차피 통장은 '잔액 0'이라 찍히는 순간
귀퉁이가 잘리고 마그네틱 띠가 뜯기곤
파쇄기를 거쳐 소각장으로 갈 텐데
유리온실 나오며 내일도 온다고 약속을 했다
꽃잎에 흐르는 눈물이 애처롭다
무얼 안다고

첫 데이트

서로 쳐다만 본 첫 만남
침묵이 말을 이어간다
날씨는 화창하건만
내 몸속은 겨울이구나
참 싱거운 데이트
하지만 그녀는 저물녘까지
내 그림자 되어 붙어 다녔다

그녀의 발그레한 뺨
윤기 흐르는 입술
뭔가 말하려는 듯
입을 오므렸다 펴곤 하는데
홍매화인들 이보다 아름답고
수련인들 이보다 청순하랴

땅거미 깔려오는데
내 가슴은 왜 이리 뛰는가
이렇게 헤어지는 아쉬움만은
내 속 맘을 알 수 있으랴

틀거지를 넘어서

아무리 더해도 늘어나지 않고
아무리 빼도 줄어들지 않으며
아무리 곱해도 불어나지 않고
아무리 나눠도 작아지지 않는
한마디로 말해서
+ − × ÷의 틀거지를 넘어선 한
이런 걸 사랑이라 하지 않을까

무릉도원

온갖 소음으로 천지가 진동해도
네 귀에선 천상의 노래
신성함에 휩싸인다

호수처럼 맑고 깊은 네 눈엔
삼라만상이 잠겨있구나
네가 하늘을 보면 해와 달과 별 무리
그 가운데 흐르는 은하수가 채워지고
네가 땅을 보면 산과 강과 바다, 그리고
온갖 동물과 식물이 네 것이 되니
네 눈은 우주보다 크구나

네가 촉촉이 적셔진 입술을 벌리면
온갖 것이 네 입안에서 쏟아진다
네 입은 말로 사물을 창조하고,
대화로 그것을 꾸며낸다

너의 콧대는 좀 높긴 해도
온갖 냄새를 받아들이는 겸손한 살붙이
코로 너는 맛과 멋의 향취를 느끼니
식도락이 부럽지 않구나

노래와 자연, 대화와 식탁
그것에 담긴 것을 음미하니
절로 시 한 수가 가락을 탄다
아, 이목구비!
너 자신이 무릉도원이구나

오늘은 물고기가 보이지 않네

산책길 따라 돌면
연못 가로지른 다리
산들바람이 수초들 간지럽혀
이리저리 몸을 뒤튼다
오늘은 물고기가 보이지 않네
불볕더위에 지쳐
돌짬으로 피서 갔으니
이제쯤엔 쉼 없이 입 뻐끔거리며
여자 친구에 취해있겠지
하지만 수초들의 외로움도
잊지 말아야 하리라

2부
사랑의 묘약은 페티시라는 것

봄, 빛의 찬란함이여

시냇물에 흘러가다
돌에 깨어지는 얼음조각
그 아픔이 산골을 울리며
순간의 허무함에 목이 멘다

세월은 새김꺼리
크로노스의 등을 타고
가슴엔 황금추 매달고
지구의 축 위를 달린다

봄의 나날은
빛의 찬란함에 취하여
설레는 가슴에
봄의 향기를 안겨준다

봄, 빛의 찬란함이여
석별의 아픔 잊고
눈보라 헤치며 다시 찾아온
꽃의 여인이여

과거와 미래

과거가 아무리 아름답다고 한들
어젯밤 오로라의 애상일 뿐이고
미래가 아무리 암울하다고 한들
내일을 여는 희망의 움돋음이다

과거를 캐는 광부는 흙 사태에 묻히고
미래를 캐는 광부는 금 사태에 춤춘다

마음의 샘

당신의 마음에 흐르는 샘
거기에서 당신이 된다네

마음의 샘에 몸을 씻으며
덮은 때를 벗겨버리면
당신의 영혼은 수정같이 맑게 될 걸세

당신이 누군가를 신뢰하는 것은
마음의 샘에서 믿음이 샘솟기 때문이고
당신에게 미래가 있는 것은
마음의 샘에서 소망이 샘솟기 때문이며
당신의 입에서 사랑이 흘러나오는 것은
마음의 샘에서 사랑이 샘솟기 때문일세

당신이 독설을 내뱉는다면
마음의 샘에서 독이 흘러나올 것이요
당신이 칼 쓰기를 좋아한다면
마음의 샘에서 복수의 피가 솟아날 걸세

마음의 샘에서 흘러나오는 것
그것이 당신이라네

나와 너, 그리고 사랑

부르지 않아도 찾아오는 것
가르쳐주지 않아도 갈 길을 아는 것
살을 에는 추위에도 화덕 같은 것
계절이 바뀌어도 유행타지 않는 것
사랑은 그런 것이 아니런가

사랑 없는 본능은 동물의 번식 충동
인간은 사랑할 수 있으므로 사랑하는 존재
그대여, 사랑하려는가
그러면 너 자신을 버리고 무(無)에서 너를 찾아라
참 사랑은 있는 듯 없음이며, 없는 듯 있음일세

기억 속 아련한 그리움

아주 오래전의 일도
이젠 어제 일처럼 아름답게 기억되누나

인생의 갈림목에서 제 길 찾아갈 때까지
우린 많은 것을 함께 나눴지
초등학교에 같이 입학해 반짝이 되었고
전쟁 통엔 산 위의 천막 교실에서
가마니 바닥에 앉아 배움을 이어갔는데
이젠 이런 기억 속 아련한 그리움이
밤하늘의 별처럼 반짝이누나

파도가 밀려와 모래를 적시면
거기에 발자국 찍곤 했던 여름 바닷가
태양도 뜨겁게 내리쬐어 행복했던 때
하지만 낙동강 전선이 무너지면...
안절부절 맘을 잡지 못하던 아저씨들
봉초 말아 피우며 연신 한숨만 내뱉던
저들의 얼굴도 이젠 추억 속에 아련하구나

서울로 환도한 첫겨울은 몹시 추웠지
우린 이불 뒤집어쓰고 남포등 아래서
빌려온 소설책을 돌려가며 읽기도 했고

중학교 땐 LP판 노래 따라부르며
먼 이상 세계로 나래 짓 하던 아득한 옛날
스페인 민요, 미국 민요도 그땐 많이 불렀는데
나는 하모니카를 불고 너는 노래를 부르고
어쨌든 둘이면서 하나같은 우리, 그러면서도
사랑에 관해서만은 서로 눈을 감고 귀를 막았지
그건 동물적 본능에 대한 불가침의 묵계

저녁놀 붉은 하늘 보노라니
저 산마루 너머가 요단강인 듯
건널 때가 되어오니 뒤를 돌아보게 되누나

마음의 문

마음의 문을 열고 새해를 맞으라
여명이 그대를 감싸주리라

새날을 깨우는 빛의 율동이
하늘과 땅과 그대마저 덮으며 다가오니
천 · 지 · 인의 하나 됨이 삼라만상의 이치 아닌가

하늘을 우러르며 기도하라
카인의 손에서 피가 씻겨질 때까지

땅의 흙내음에 감사하라
그대의 오늘이 이어지도록

사람이 사람됨은 사랑이니
새해에는 사람스레 살아가라

해넘이의 아쉬움은 해맞이로 채우고
이렇게 다가오는 새해를 그대의 한 해로 메워라
나날이 그대에게 생명의 성스럼을 안겨주리라

아, 그대여
광활한 우주를 마음에 담아라
그대 자신이 바로 천 · 지 · 인이 아닌가

마지막 장미 한 송이

내 마음에 밀려오는 상념들
해변에서 바라본 석양의 낙조
해를 삼키는 저 수평선 아래는 어디 일가
해 떨어지며 썰물처럼 빠져가는 사람들
오늘이 저들에겐 특별한 날일 테지
새날은 새로운 이야기로 채워지겠지만
시간의 흐름은 자연의 조화도
인간 군상의 애환도 담고 가는 것
우린 그 속에서 찰나의 한순간 숨 쉬고
낙조 속 저 수평선 아래로 숨어들 테지
마지막 장미 한 송이
너마저도 내 품 떠나 수평선에 잠기누나

네 숨결이 흐느껴 나를 깨울 땐

아, 젊음의 시절
시간의 영원함에 취했던 너와 나
해가 바뀌고 쉼 없이 바뀌었어도
네 숨결이 흐느껴 나를 깨울 땐
언제나 그 시절은
용암이 되어 내 가슴에 흘러내린다
내 피가 네 심장에
네 살이 내 몸에 섞이던 그때로

시간이 흘러가 얼굴은 쳐졌고
나, 고비늙은 노인이 되었어도
어제나 오늘이나 내 마음속에선
달보드레한 소녀, 네가 숨 쉬고 있다
맑은 눈과 입술, 사랑스러운 목소리
언제 어디서나 내 마음에
싱그러운 향기, 달콤한 내움으로
그 시간에서 나는 너를 그린다

꼬불진 오솔길 산책로
숱한 들꽃이 바람결에 너울 추며
우리의 발걸음을 축복했었지
불꽃인 색깔과 향기로운 자태로

때론 우리의 마음을 설레게 했지
너의 얼굴과 향긋한 몸 내음
나는 물리적 시공간을 벗어나
오늘도 내 품에서 너를 만난다

아, 젊음의 시절,
아름다운 꽃으로 피어난 너
우린 영원한 순간의 기쁨에서
멈춰진 시계를 갖고 있다
옛날이 때론 슬프기도 하고
집시 여인의 눈물진 치마폭 같지만
나에겐 너와 만남의 시간
어제가 영원한 오늘인 시간

흐름의 소리

밖이 고요하니
문풍지 소리가 애처롭고
안이 고요하니
시냇물 소리가 정겹구나

소리는 흐름이요
흐름은 생명이니
흐름의 찰나에
인생도 얹혀가누나

무아경에 빠져든 찰나

당신은 불행한가요
그렇다면 불행한 것을 하나씩 지워가세요
그래도 불행하다면 행복을 찾아보세요
행복이 어디에 있는지

찬놀지고 달물결 칠 때면 갈별 세던 동심
새소리 바람소리 들으며
여울물소리 파도소리에 꿈을 실었던 때를
풋풋한 풀냄새 꽃향기에 취하고
바람이 몰아오는 바다를 가슴에 품으며
희망의 나래 펼치었던 때를
첫사랑에 마음 설렜던 때를

오늘은 끄느름해도 날 들면 푸른 하늘 열리고
아픔도 세월에 묻혀 흘러가게 되는 것
사는 게 고달프고 힘들어도
심장 뛰는 소리를 들을 수 있다는 것
그보다 행복한 게 어디 있나요

삶의 갈림길에서 '나'를 비워가며
무아경에 빠져든 찰나!
'나' 속에 행복이 있음을 깨닫게 될 거예요

변화의 노예

어디를 보아도 세상은 신비롭다
영원히 같은 건 하나도 없으니
좌우가 영원히 같지 않고
높낮이가 영원히 같지 않으며
해마저도 영원히 같지 않는데
영원히 같은 걸 어디서 찾을 수 있으랴
있음 자체가 없음으로 가는 변화의 노예이거늘

사랑만은 영원하리라 말하지만
사랑도 감성의 흐름을 타는 시간성
사랑을 오래 참음이라고도 하는데
참음이란 시간의 꼭짓점으로 가는 과정
하지만 오직 한 가지 영원한 것
참으로 영원히 변함없는 것
그건 죽음이 아니런가

사람스레 삶

바람엔 무엇이 실려 오는가
담긴 사연조차 알 수 없구나
구름은 어디로 가고 있는가
바람 휘몰림에 갈 수 밖이랴

시간은 그침 없이 흘러도
지난 세월일랑 알 수 없는데
누군들 삶의 참을 알리오
자기 마음조차 알 수 없거늘

사랑을 누가 읊어대는가
맘속 불덩이를 볼 수 없는데
사랑도 동물 본능 아닌가
태초 에덴에서 볼 수 있듯이

바람과 구름 오고 감에서
삶의 심연일랑 볼 수 있다면
인생의 고뇌 떨쳐 버리고
서로 사람스레 살 수 있겠지

사망의 골짜기를 헤매는 유령

아가페
궁극적 실재의 유희
에로스
이성적 실재에서 느껴지는 호흡
필로스
'너와 나'의 불이부동(不二不同) 최면

성악설
'너와 나'의 본질 규정
성선설
'너와 나'의 위선 위장

너와 나, 우리
사망의 골짜기를 헤매는 유령

그러니 유령으로 죽어가도
사는 동안은 사람스레 살아야지

사랑에 관한 질문 세 가지

사랑에 없는 것은
쉼표 물음표 마침표

사랑에 있는 것은
줄표 느낌표 묶음표

사랑이란
네가 내 안에서
내가 네 안에서
한 몸이 되어가는 과정

사랑의 묘약은 페티시라는 것

아아, 이럴 줄이야
우리의 신화
그대와 내가 살을 섞으며 빚어왔던
하나하나의 그것이
이젠 나도 모르게
나의 페티시라니
그대는 성스럽기는 해도 주물(呪物)은 아닌데
어쨌든 이렇게 나는 페티시스트로 되어가네
그러나 한 가지 분명한 것은
사랑의 묘약은 페티시라는 것
사랑의 깊이는 광기라는 것

하지만 맹세컨대
내가 그대를 사랑하는 것
그것의 진실은 신앙이라네

사랑의 서사시

저녁놀은
하루 내내 달려가며 엮은
아름다운 서사시를
서산 너머 갖고 가며
슬픈 그리움을
하늘에 그려놓네

황혼길
서산마루에 걸쳐진 그대 얼굴
잠 못 이루는 이 밤에
나는 그대와 엮어왔던
서사시를 한 편씩 읽어가며
이 밤을 보내고 있소이다

그대 가슴에 꼭꼭 숨겨놓은
뜨겁고 슬프고 그리워 흘린 눈물
고목에 핀 꽃, 그윽한 향기
이 밤엔 그대의 베개에 스미리라
갈바람에 낙엽 일던 학교 숲속에서
애정의 꽃을 피웠던 그때가 되어

내가 늙어 추하게 되어도

내가 사랑을 고백했을 때
그대 눈엔 이슬이 영롱였고
언약의 반지 끼울 땐
떨리는 목소리로 나직이
'사랑해요'라며 눈물 흘렸죠

내가 늙어 기력이 쇠해지고
눈이 어두워져 보기 힘들어도
귀가 먹어가며 잘 듣지 못하거나
병들어 몸마저 추하게 되어가도
그런 몰골까지도 사랑하리라던

죽음이 우리를 갈라놓아
심연의 계곡을 건널 순 없지만
세상을 마치는 어느 날엔가
아리운 마음 낙엽이 되어
그대 간 길 따라 흩날리리다

3부

꽃으로 피어난 그대여

꽃과 낙엽

경칩이 지나니
바람이 봄을 부른다
봄은 꽃소식을 전한다
바람에 꽃잎이 살랑이니
임의 마음도 봄을 탄다

봄은 여자의 계절이고
가을은 남자의 계절이라고
시인들은 노랠 하지만
봄은 사랑하려고 피는 꽃이고
가을은 사랑을 남기고 떠나는 낙엽이라네

겨울 모정

1
겨울바람은 내 몸을 시려오고
연모의 마음엔 눈만 쌓여가네
긴 겨울이 지나가고 눈길 열리면
나, 그대에게 봄 향기 가득 안고
내겐 그대가 누구였고 누구인지
속마음 내어 고백하러 가오리다
그땐 밤마다 읊었던 숱한 한 타령
모정(慕情)의 가락도 함께 드리오리다

2
겨울은 아직도 음침하며 춥건만
벌써 내 맘엔 싱그러운 봄이 찾아와
눈을 녹이고 개울 얼음장을 깨며
봄의 노래를 들려주고 있는데
나는 그대의 눈물을 닦아주고 있었네
머지않아 동백꽃이 피게 될 텐데…
나뭇잎 사이사이로 트인 조각하늘
우리의 내일도 조각조각 모아질 테지

꽃으로 피어난 그대여

꼬불진 오솔길 산책로
들꽃이 바람에 휘느적이며
마음을 설레키네요
발걸음을 세우고
나, 그대 흐노니
청아한 당신
꽃으로 피어난 그대여
언제나 내 마음속
그대는 아름다운 소녀
그대의 웃음과 목소리
추억은 때론 슬프고
아쉽기도 한 운명의 시간

꿈속의 장미

눈감고 장미 향기에 취해 있는데
내 입술 스치는 한 송이 장미
바람이 살랑이며 불어오더니
내 입엔 꽃잎이 하나씩 쌓여가네
눈을 떠 초원을 둘러보건만
바람만 장미와 속삭이고 있을 뿐

다시 눈감고 장미 넝쿨 떠올리는데
넝쿨이 나를 에워싸더니 줄기마다 꽃송이
붉은 장미, 흰 장미 살포시 입 벌리네
세상 그 무엇이 이보다 아름다우랴
어쩌면 꿈속의 장미가 참이 아니련가
만물이 참의 그림자란 게 참이라면

낙엽

어느 날 저녁
바람이 휘몰아치며
비를 뿌려준 후
가을은 나에게
갈색의 낙엽을
던져주었다

언어와 전설
창세의 심연 속에
켜켜이 쌓여있는
신화의 비밀을
낙엽은 바람에 실어
나에게 전해주었다

- 1963. 10. 24.

물안개

시간은 여울목 강물이 되어
이젠 어디서도 찾을 길 없는데
자갈을 굴리며 물보라 치는 물결이
물안개 피워 그대를 그려주니
강가의 추억에 잠겨들며
나는 그대를 보았네
하지만 그대의 지금은 어디로 가고
옛 모습만 내 눈에 어리니
슬픈 그리움에 넋마저 놓았지만
아, 그래도
이 행복에 내 눈엔 눈물이 고인다

바닷가 거닐며

외로운 맘에 바닷가 거닐며
비련의 아픔을 달래 보지만
파도만 거칠게 깨져나갈 뿐
이 밤은 너무도 잔인하구나

별 품은 하늘이 바다 껴안고
어둠에 묻히어 숨어버린 뒤
파도에 밀려온 모래알 하나
이 밤을 함께할 벗이 되었네

아아, 새날에도 숱한 연인들
이 바닷가 거닐다 밤 맞겠지
해 넘고 돋우며 새벽 맞으면
한 세상 마치고 별이 될 텐데

살비아

– 연정에 배인 이 향긋함이여

늦여름 해는 뉘엿이 기울고
꽃잎엔 솔바람 스쳐 가는데
그대는 불꽃 핀 연주 볼로
내 입술을 간질이누나
찬놀이 우리를 감싸주려나
갈대가 우리를 숨겨주려나
하늘만 우리의 속맘을 알리라

한적한 오후의 꽃 정원에선
보드레한 빛깔로
가을이 익어가고
그대는 내 품에 깃들어
꿀과 색향 가득히 채워주며
진홍빛 꽃보라 뿌려주는데
연정에 배인 이 향긋함이여

갈바람에 떠돌다 흙이 되어
그대, 자연의 품으로 돌아가니
석별의 슬픔에 나부라져
내 가슴엔 눈물만 고여 가네

세월

빛이 빠르다고 한들
당신을 보던 내 눈빛만큼이랴
바다가 깊다고 한들
내 마음의 연정만큼이랴
꽃이 아름답다고 한들
당신의 미소만큼 아름다우랴

아무리 붙잡으려 해도
붙잡을 수 없이 지나가는 것
마음속 깊이 잠겨 세월에 덮였어도
내 어찌 당신을 잊을 수 있으리오
비록 촌음보다 빨리
내 곁을 떠나갔지만

소리와 바람과 사랑

우주 삼라만상은 창조주의 작품
그중에 가장 신기한 것은 무엇인가
첫째는 소리라네
하지만 귀가 없으면 소리도 없지
둘째는 바람이라네
대상이 없으면 바람도 없다네
셋째는 사랑이라네
그대가 없으면 사랑도 없지
이 세 가지는
창조주의 걸작 중 걸작일세
영원히 참일 테니

시집간 딸 생각에

바람이 분다
바람은 꽃잎을 살랑여
꽃가루를 타향 멀리
시집보내고
꽃은
아침마다 먼 하늘 보며
시집간 딸 생각에
눈물을 맺는다

싸리울 마당에서

호박꽃 꿀맛 못 잊어 혀를 넣었더니
노란 입술이 내 입에 꿀을 흘려준다
입가의 꽃가루는 입맞춤의 징표
내일엔 더 많은 꿀을 주겠단다

장미꽃 향기에 취해 입술을 포갰더니
향긋한 몸 내음이 코를 간지럽힌다
앗, 그런데 왜 내 입술을 가시로 찌르지
꿀 냄새 역겹다는 앙칼진 투정이구나

지붕 위 박꽃은 기다림이 부끄러워
얼굴 숙이고 저녁놀 빛마저 피한다
아아 이런, 저 꽃 속맘 숨기며 얼마나 울었을까
하지만, 나는 저 꽃 순정을 잊은 적이 없다네

이 작은 세상, 싸리울 마당에도 생명이 꿈틀댄다
생명은 사랑과 질투, 연모와 애수에 의해
그런데 나는 나 자신도 모른다
때론 내가 나를 잃어버리기도 하니까

친구들은 추억으로 마음을 채운다

초겨울 바람이 차갑게 파고든다
잿빛 하늘이 마음마저 어둡게 한다
쓸쓸한 오후의 하루가 간다
오랜 추억이 낡은 사진첩이 된 건가
친구들이 달려온다
마음이 따스해지며 추위를 잊는다
'자네들 아직 살아있었군!'

친구들은 시간을 넘나들며
흘러간 세월에 묻혀가지 않고
옛적의 만남을 가슴에 안겨준다
향토내음 짙은 고향 같은 친구들
지금쯤에는 몇 명만 흙을 밟으며
손주들 재롱에 잠시 아이가 되겠지
언제까지 추억을 곱씹으려나
저승이 지척이니 잊었던 시간이
새록새록 추억으로 다가온다

지나간 세월은 추억으로 숨 쉰다
고향을 떠난 후엔 고향이 그립고
친구들은 추억으로 마음을 채운다
아! 친구들 생각이 점점 깊어진다

머스마들, 가시나들 건강하여라
저승 갈 때 웃으며 우아하게 가야지
씁쓰름한 커피향기 오늘따라 짙구나

첫눈

눈이 나린다
올겨울 첫눈이다
눈을 맞으며 눈길을 걷고 싶고
눈이 덮여가는 들판을 걷고도 싶지만
오늘 오후는 글쓰기를 잠시 접고
눈이 만들어 가는 설경에 빠져
어린애가 되어보련다

쏟아지는 눈에 하늘이 가려지고
먼 산 능선도 점점 지워지며
세상이 눈에 덮여 순결해진다
높낮이를 가려 드러내지도 않고
색깔로 다름을 뽐내지도 않으며
하나같이 모두 눈이 되어 간다

하늘과 땅을 뒤덮어가는 눈
자존심도 명예도 권력도 없는 눈
사람에겐 언제 눈이 나리려나
다름에서 벌어지는 온갖 다툼
인종차별, 문화충돌, 지역감정…
하늘도 땅도 눈이 덮여 하나인데
사람에게도 눈이 덮이면

참으로 사람이 사람스러우련만
사람에겐 언제 눈이 나리려나
쌓여가는 눈 위에 눈이 나린다

'펄펄 눈이 옵니다…'

어린애가 되어 동요를 불러본다

소나기

소나기가 쏟아진다
대지의 열기를 식혀준다
숨 막힐 지경인데
숨길도 터준다
땀범벅으로 지친 몸에
신선함을 덮어준다

낮에는 체온 정도의 폭염이
밤에는 열대야의 괴롭힘이
연년이 반복되는 여름 기후
오후 한 차례 쏟아지는 비
기후학자들은
엘리뇨 현상이란다

석유문명으로
지구가 폐암에 걸렸고
개발과 개간의 명분으로
인간이 폐의 곳곳을 긁어내어
상처투성이로 만들었으니
지구가 병 투정을 하누나

지구에 얹혀사는 생명체 중
이성적 존재라는 인간만이
자기 자신의 존재를
서서히 죽여 가며
문명 발달의 미명으로
인류의 종말을 재촉하네

우리가 오늘은 숨 쉴 수 있지만
죽음의 수렁을 미래에 넘겨주며
창조적 진화란 평면적 논리로
언제까지 생존할 수 있을까
때론 엘리뇨, 때론 라니냐
이런 걸 미래에 넘겨줘야 하나

비어가는 둥지

비워가는 순간마다 적막감은 깊어가고
인연 다한 둥지엔 허무함만 채워지네
나, 이제 떠나가면 다시 오지 못하려니
숙연한 맘엔 석별의 한만 서리누나
삶의 때 벽 이루며 새끼 키운 바람막이
33년 쉬린 체취 코끝을 저리는데
사다리차 기계음은 왜 이리도 야속한가

장서 2천여 권 대학교에 기증하고
가신님 애장품들 가슴 메며 보내고
난간 꽃밭 꾸몄던 소품들 보내주고
세간살이 거의 다 버리고 비웠는데
다시 짐 추스르니 버릴 게 산더미네
비어가는 둥지는 허공만 참이라며
내 몸뚱이 쓰레기도 버리고 가라네

생로병사 지켜보며 나날을 채워왔던
한 세대 가정사의 애환 담긴 이 숨결
포장이산들 어이 옮길 수 있으랴

4부

영혼의 노래

소식

오래 살려면 소식하란다
먹은 게 많으면 탈난다며

먹을 수 있는 것만 먹으란다
닥치는 대로 먹다간 뒷간 간다며

한 끼 먹거리에 만족하란다
남의 밥 훔쳐 먹다 밸 터진다며

배가 욕심내면 단명한단다
부패가 쌓이면 배가 썩는다며

천수를 누리려면 마음을 비우란다
욕심이 잉태하면 사망한다며

숲과 동굴

언제부턴가 동굴은 내 집이었지
광솔 불 피워 빛과 뜨거운 열기로
나는 몸을 녹이며 잠들곤 했다네
바람이 수풀을 헤치며 슬피 울 때면
별무리 쏟아져 눈물이 되었다네
나는 어느 순간 별 따러 나라오르다
샘물가 물소리에 목축이며
깊어가는 밤의 성스러움에 젖어 들었지
내일도, 나는 그다음 내일도
무수히 펼쳐지는 고적한 밤마다
어둠을 밝히려 부싯돌을 그어 대리라

쓰레기

갈수록 늘어나고
쌓일수록 느는 건
살림살이라지만
내 눈엔 귀해 보여도
남의 눈엔 쓰레기일 뿐

곱게 살았다며
늙음을 훈장처럼 여겨도
남의 눈엔 아귀다툼의 상흔일 뿐
울며 태어나 쓰레기만 모으다
울음 그치면 소각장으로…

저주를 퍼부으며 갑질하는 망나니짓
무언가 더 모으려는 욕망의 광란
하지만, 먼지처럼 쌓여가는 것
명예, 권력, 재력도 소각장에선
몸뚱이를 채웠던 쓰레기일 뿐

애절한 아픔이 스며있는 자연

사랑해 본 적이 없으며 사랑을 말하는 것
이런 것을 뭐라고 해야 하나

사랑할 사람을 만난 적도 없으면서
사랑은 아름답다고 하는 건 신기루

임의 무덤에 꽃 한 송이 놓아 본 적이 없으면서
임을 그리는 건 사랑을 모독하는 것

사랑은 세상이 끝날 때까지 어떤 말로도
어느 누구도 보여 줄 수 없을 터

꽃과 열매만이 자연의 참을 드러내 보여주니
어쩌면 자연이 사랑 아닐까

오늘도 나는 가신님 상석 위에 꽃을 놓았다
애절한 아픔이 스며있는 자연, 이게 무언가

여자, 그리고 그 여자

어릴 때 나는 여자와 남자를 구별 못 했지
초등학교 시절엔 여자가 약하다고 생각했지
사춘기부터는 여자가 꽃으로 보였지
20대엔 여자가 보티첼리의 비너스로 보였지
중년 돼서야 여자가 위대하다는 생각을 했지
나이가 더 들곤 여자가 남자보다 강하다고 느꼈지
정년 즈음엔 여자가 집이라고 느꼈지
70대가 되어선 여자가 남자의 어머니란 생각을 했지
요즘엔 나를 떠난 그 여자만 내 여자였단 걸 알았지
그런데 그 여자는 내가 뭘 물어보려는데 떠나 버렸지
"너에겐 내가 누구였느냐?"
"쓸데없는 소리 고만하고 잠이나 자요!"
분명 그 여자의 목소리였다
"잠이 와야 잠을 자지!"
아, 이렇게 또 이 밤을 보내는구나
고독한 밤, 외로운 밤, 어둠에 묻힌 밤!

영혼의 노래

눈 오는 날이면
인적도 끊겨 고적한 오솔길
쌓여가는 눈에 내일을 얹으며
우린 젊음의 꿈을 속삭이곤 했는데

나 혼자 맞는 이 겨울엔
눈보라에 길이 파묻히고
눈바람에 뺨 에어 눈물 어려도
나는 눈길 헤쳐 가며
눈에 덮인 그대 찾아가리라

폭설로 길 잃어 돌아올 수 없으면
영혼의 노래 부르다
그대 곁에 잠들리라

염서를 꽃잎에 고이 적어

저녁놀은 서산마루 넘어 뉘엿이 지고
솔바람은 내 맘 휘저으며 울부짖는다
눈을 들어 하늘 저 너머 아스라한 공간
나도 알 수 없는 창공 저 먼 곳으로
나는 나를 띄워 보내며 밤을 맞는다
밤하늘에 나를 담그며 별이 되어가니
별빛이 내 가슴에 살며시 안겨 온다
오늘 밤은 꽃잎에 고이 적어 숨겨온 염서(艶書)를
임의 가슴에 넣어주며 안아주리라

우수의 계절은 신화 속에

해를 가리는 먹구름과 천둥소리
바람마저 스산스레 흐느낀다
오솔길 가시나무 울부짖음이
산울림 되어 언덕에 메아리칠 때
내 영혼은 아스라이 먼 곳에서
신화 속에 피어나고
우수의 계절, 고요와 원경에 스밀며
이 부드러운 희열에 취해간다

이 세상 끝난다 해도

내 마음 에이는 아린 상처
그대가 떠나며 남긴 흔적
그날 하늘마저 빛을 잃어
나는 어둠의 골짜길 헤매었다오

아무리 붙잡아도
끊어진 연이을 길 없어
가슴에 채워있는 지닌 날에서
나는 그대와 다시 연을 이었다오

지금도 나는 그대의 손을 잡고
그대와 속삭이며
내게 그대를 섞고 있는데
그대는 어디에 있느뇨
그대도 내 곁에 있으려나

이젠 하나씩 떠나보내지만
내 가슴속 그대만은
내 어찌 떠나보낼 수 있으리오
이 세상 끝난다 해도
나는 그대와 종말을 맞으리라

이름표

산책길 양옆의
이름표 꽂힌 꽃들
이둠에 직막감 밀려오니
저들의 처량함에
내 맘마저 쓸쓸하다
내일도 오늘로 이어져
다를 게 없을 텐데

낡은 명함첩에 찔려진
이름표 솎아내며
오래전에 흙이 된 저들
이름값대로 살다 갔는지
얼굴을 하나씩 떠올려본다
날이 갈수록 명함첩은
비어가며 가벼워져 간다

이젠, 그런 날이 없을 테지

1

내 마음에 밀려오는
지난날의 숱한 이야기
해변에서 맞았던
석양의 낙조
해를 삼키는 저 수평선
그 아래는 어디일까
나를 빨아들인 너의 영혼
이젠, 그런 날이 없을 테지

2

날씨마저 끄느름한데
내 가슴 저미며 감쳐오는
영혼의 노래
네 숨결이 바람에 흐느끼니
오늘이 영원의 한순간
너를 빨아들인 내 영혼의 시간
우리가 남긴 모래 위의 발자국
밀물에 씻기며 전설이 되었구나

저녁녘에 젖은 눈빛에선

운동기구에 매달려
100세 장수 꿈꾸는 어르신들
'건강하세요!'
그 옆을 지나며 말을 섞었다
오후 5시가 조금 지나면
공원엔 어느새
노인들만 간혹 보일 뿐
침묵이 무겁게 흐른다
저녁녘에 젖은 눈빛에선
외로움이 보이고
주름진 얼굴에선
삶의 줄기 같은 게 보인다
남의 눈부처에 비친 내 모습은
미라처럼 되었다는 고독사 노인
어제 뉴스가 맘속에 아려온다

학창시절 · 1

내가 중학교 3년간 드나든 교문은 나에겐 지옥문이었다

“이 학교는 주판 놓는 학교라 불구자는 입학 불가!” 가운데 골탄 포마드 머리에 얼굴엔 개기름이 번들거리는 교장의 기름진 목소리 장애인에 대한 교장의 인간관은 내 가슴에 대못을 박았다 그날 교장은 나를 아무 쓸모없는 인간으로 낙인찍었다 ‘아, 그렇구나. 나는 인간이 아니구나!’

“주판은 손으로 놓지 발로 놔요?” 소아마비 아들의 엄마는 울부짖었다 새끼를 지키려는 어미의 절규며 동물적 몸부림이었다 모성은 거들거리는 권위도 무너뜨렸다 몇 주 후부터 나의 지옥 생활이 시작되었다 역사와 전통을 자랑한다는 이 학교에 ‘불구 학생 1호’란 불명예(?)를 안기며

나는 조회 때마다 교장의 얼굴에서 사탄도 마귀도 돼지같이 생긴 괴물도 보곤 했다 지옥 생활 3년은 너무나 느리게 지나갔다 졸업 즈음의 어느 날부터 그는 학교에 나타나지 않았다 그날 이후 나는 그를 한 번도 본 적이 없다

1958년 고등학교에 입학하며 나는 그 교장을 인간으로 받아들였다 어쩌면 그가 이 세상 사람이 아니리라는 측은한 상상을 하며 용서했다 그리고 내 가슴에 박혀 녹슨 대못을 뽑아 한강에 던졌다 그날 이후 하늘에서 쏟아지는 햇빛은 왜 그리도 아름답던지 나는 희망의 나래를 활짝 펴고 무지개를 좇아 푸른 하늘 높이 힘차게 날아올랐다

학창시절 · 2

학창시절, 시, 소설 읽으며 문학 소년이 되어 마음이 아려 본 적이 없었다면 염세주의, 감상주의에 빠져 철학자도 되고 시인도 되어본 적이 없었다면 학교 가는 길에 자주 보게 되는 동네 여학생, 옆으로 스쳐 가는데도 마음이 설레곤 했던 적이 없었다면, 여자와 사랑! 참으로 궁금한 궁합, 신기루 같은 그 낱말의 엮임만으로도 가슴이 요동치고 몸이 불끈거렸던, 이상향의 꿀송이 같은 달콤함이리라 막연히 상상하곤 했던 적이 없었다면 나의 삶은 사막만큼이나 건조했으리라 나의 삶에서 그 시절만큼 가슴 설레던 아름다운 때를 어디서 느껴볼 수 있었으랴

문학작품 돌려가며 읽고 시험 때면 며칠씩 노트도 빌려보며 함께 공부하던 친구들, 완장 차고 목에 힘주며 교문에 서서 무게 잡던 규율부 선배들, 모자 삐딱하게 쓰고 당구장 드나들며 건들대던 주먹들, 선생님들, '마지막 한마디만'이 100마디도 넘게 이어지는 교장 선생님의 지루한 조회시간, 졸업식 추억 등등 내 눈으로 찍어 기억에 저장해 두었던 숱한 기록 영상은 점점 대상화되어가는 나에겐 잃어버렸던 나를 다시 찾은 시간이었네

학창시절, 그 추억의 시간만은 누구에게나 홀로되어 쓸쓸하게 지내더라도 양로원에서 매일 누가 찾아오나 기다리면서도 죽음을 기다리는 병상에서도 살아온 삶의 여정을 회상할 때마다 인생의 활력소 학창시절만큼 순결한 떨림의 경외감을 어디서 느껴볼 수 있었으랴 오늘은 시곗바늘을 뒤로 돌려 학창시절의 나로 돌아가리라

한국전쟁 정전 직후 학창시절이 벌써 60여 년 전이니 이제 그 시절 추억 속 친구들 몇 명이나 그때를 그리며 살아있으려나 어느 날 깨어나지 못하면 그땐 나도 이미 새로운 세상에서 첫 생일을 맞겠지 아아, 이제 그 날이 멀지 않았네 오늘은 학창시절로 돌아가리라 시간이 나를 그때로 데려다주지 않으니 추억의 등에라도 타고가야지

생체시간의 반란

설맞이 하며 떡국을 먹었다
아랫목 구들장에 등을 붙였다
굉음 소리에 눈을 뜨니 역시 내 코가 한 짓
내 배꼽시계는 스위치 시계보다 정확한 게 때론 흠이다
배꼽을 달래는 건 순대 채워 넣는 단순노동뿐
세상살이도 이렇게 단순하면
토머스 모어*의 꿈이 벌써 현실이 됐을 텐데

속세의 때를 어떻게 씻어 낼까
마음을 비워 공이 되란다
고해성사하여 죄 짐을 벗으란다
느닷없이 "나 같은 죄인 살리 신"† 찬송이
뇌에서 청각을 거쳐 기억 회로를 통해 의식으로 살아난다
번개처럼 스쳐 가는 생각
마음을 비우고 공이 되면 그 자리엔 무엇이 채워질까
이 불경스러운 생각이 내 몸에 또 한 겹의 죄를 얹혔으리라
죄 하나를 더 얹혔다고 내 죄의 무게가 그만큼 무거워졌을까

* Thomas More(1478-1535)의 『Utopia』
† John Newton(1725-1807)의 찬송 시 「Amazing Grace」에서

젓값에도 에누리가 통한다는데
구원, 천국, 영생, 그리고 그걸 믿지만
나는 흙이 되면 그것으로
살덩이 썩어 가스로 떠돌면 그것으로
혹 화장되어 석회가루로 묻히면 그것으로
내일의 나에게 연연하지 않으리라
천국을 보지는 못했지만 믿을 뿐이고
영생할 몸인지 알 순 없지만
전승되어 온 신앙을 따를 뿐이다
영생을 얻으려 믿는다면
그건 영생을 흥정거리로 속물화하는 짓
나는 믿음으로 의롭게 된다고 확신하기에
더 이상 영생에 연연하지 않는다
흙으로 돌아가는 것도 영생의 한 길이리

생체시계가 늦저녁의 때를 알린다
생체시계에 기름을 쳐야지
"내일 일은 난 몰라요 하루하루 살아요"‡
이렇게 또 하루가 명부(冥府)에 묻힌다

‡ 「I Know Who Holds Tomorrow」 노랫말에서

인생이 짧다고 말하지 말라

인생의 참을 얻으려 밤새워 본 적이 있는가
인생은 자신의 시간이 싸여가는 것
인생이 달콤한 것으로만 채워진다면
사계의 별미를 어찌 알겠뇨
인생에는 쓴맛도 보약 같은 것
인생은 채워지며 쏟아지며 흐르는 강물

사랑의 열병을 앓아본 적이 있는가
사랑이 자신의 맘대로 안겨 온다면
이것은 하룻밤을 채워주는 쾌락의 놀이
사랑의 성스러움을 어찌 알겠뇨
사랑은 얻어지는 것이 아니고,
애수의 눈물로 채워진 마음속 옹달샘

사랑하는 이를 보내며,
차가운 입술에 입 맞춰 본 적이 있는가
죽음은 인생의 또 다른 모습
하지만 영결의 순간은 마지막 만남
눈물로 보내며 내 길도 보이니
마음을 비워가며 나날이 죽어가는 것
죽음은 삶의 무한한 차원

이렇게 살며, 사랑하며, 죽어가는 것
그리고 또 다른 삶을 열어가는 것
이것이 인생 아닌가
인생이 짧다고 말하지 말라
인생보다 긴 것이 무엇이런가
인생은 우주를 담은 그릇이니
무엇이 이보다 크다하리요

정

무정은
그대의 마음을
빙하로 만들고

유정은
빙하를 녹여서
바다를 채우네

5부

나의 안식처

아, 슬픔의 눈물이여

바람이 갈대를 꺾으려 세차게 몰아치는 데
내 마음은 왜 이리도 아픈가
바람이 낙엽을 흩날리며 심술부리는 데
내 마음은 왜 이리도 슬픈가
이젠 갈대처럼 세파에 시달리다
낙엽이 되어 떠난 그녀
파란 하늘을 쳐다보는데
하늘마저 슬픔으로 채워진 호수처럼 보이는구나
아, 그대와 아름다웠던 시간은 잠깐이었네

오늘은
그대 얼굴이 자꾸 떠올라
내 눈엔 눈물이 그치지 않네

사랑은 슬픔에 잠겨 아픔으로 마치는 걸
내 어찌 젊었을 때 알 수 있었으리오
황혼길 바라보며 그걸 알았으니
사랑의 독은 달고 쓰며, 아름답고 슬프다는 걸

아침의 해처럼 밝음에서
밤의 별빛처럼 어둠 속에서
반짝이는 게 사랑의 묘약인 걸 알았을 땐
이미 그대 내 곁을 떠난 때였네

인생은 살아가는 순간마다
바람에 흩날리는 낙엽으로
흙이 되어 간다는 걸 알았을 땐
나 역시 앙상한 나뭇가지에 붙어있는
낙엽의 하나로 바람을 맞고 있네
아 슬픔의 눈물이여, 이젠 호수도 채웠겠구나

나의 기도

죄인이 간구만 많이 하는 것 같아
나는 기도를 짧게 한다
침묵이 나에겐 기도가 되기도 한다

'예수가 되게 해 주소서!'
이렇게 마음속으로 기도할 때도 있다
하지만 예수처럼 살고 있는지

나를 보고 누군가 예수를 떠올리고
나를 보며 누군가 예수를 영접하고
나를 보며 누군가 예수를 믿게 되면

그땐 내가 이미 예수가 되어 있겠지만
예수처럼 살지 않고 예수가 되려는 나는
불경스러운 말장난을 기도라고 착각했던 것

나는 내가 가진 모든 것의 노예인데
내 어찌 예수가 될 수 있으랴
참회의 눈물이 내 마음을 적셔간다

나의 안식처

해 저물어 가는 저녁의 적막함
침묵은 슬픔을 안고 당신에게 잠겨 듭니다
숲과 공기와 흐르는 물소리마저 서글피집니다
저녁노을도 이제 곧 어둠에 잠겨버릴 텐데
하지만 당신은 모든 것을 포근히 안아줍니다

저 건너 언덕에서 산울림이 메아리쳐 올 때도
석벽에 내배는 정수의 차가움도
바위를 파랗게 덮어가는 이끼마저도
침묵의 숲이 쓸쓸함에 몸부림칠 때도
당신은 생명의 경이로움을 보여주곤 합니다

당신은 성스러운데 황혼엔 서글퍼 보입니다
그래서 나는 당신을 사랑합니다
이렇게 나를 잊을 정도로 당신을 사랑합니다
숲을 지나는 바람이 몰려와 나를 흔들어도
당신의 가슴은 나의 안식처가 되곤 합니다

내 삶에 씌워진 고뇌의 굴레를 벗겨준 당신
나는 당신의 품에서 자유를 누립니다
내가 안겨 갈 당신을 사랑합니다
황금색으로 세상이 물들여가는 이 저녁
그리고 내일도 그럴 겁니다

만남

만남 적은 있어도
본 적은 없고

본 적은 없어도
대화한 적은 있고

대화한 적은 있어도
대접한 적은 없고

대접한 적은 없어도
대접받은 적은 있는

아, 이 황홀한 만남!
그건 임의 사랑이었소

사랑의 속삭임

당신이 나를 사랑한다는 걸
나는 너무 늦게 알았어요
나는 당신을 보지도 못했고
만난 적도 없는데
당신은 오래전부터 나를 사랑했네요

내 귀에 들려오는 사랑의 속삭임
그 부드러운 당신의 음성이
내 마음에 메아리치고
온 누리에 어둠이 내려앉으면
빛으로 찾아오시는 당신

당신이 나를 얼마나 사랑하는지 이젠 알기에
오늘도 나는 당신 생각에 한없이 울었어요
왜 나를 사랑했나요
왜 나를 사랑하나요
나를 울리는 당신

말씀과 피

하나님은 말씀으로 사람을 만드셨는데
어머니는 살과 피로 나를 낳으셨네

하나님은 빛으로 세상에 오셨는데
어머니는 젖으로 내게 다가오셨네

하나님은 하나님만 믿으라고 하셨는데
어머니는 너 자신을 믿으라고 하셨네

하나님은 천국에 소망을 두라고 하셨는데
어머니는 내일에 희망을 두라고 하셨네

하나님은 세상을 사랑하셨는데
어머니는 나만을 사랑하셨네

하나님은 사랑이 제일이라 하셨는데
어머니는 내가 제일이라 하셨네

하나님은 동정녀 탄생하셨는데
어머니는 육신으로 태어나셨네

하나님은 대속의 피 흘리며 승천하셨는데
어머니는 나 위해 기도하시며 돌아가셨네

천주이신 하나님
지모이신 어머니

하늘과 땅
아, 이 위대한 창세의 힘이여

침묵

해질녘에 조용히 밀려오는 적막
고해의 세상 삼키며 어둠에 잠긴다

숲과 공기와 바람, 개울물 소리도
침묵에 잠겨 어둠 속을 흐른다

모든 것을 말없이 안아주는 너
비바람에 떨어지는 꽃잎 눈물도
태풍에 몸부림치는 나무의 아픔도
갈 곳 없어 되돌아오는 메아리도
너는 아무 말 없이 네 품에 안았지

세상의 모든 게 네 품에 안기지만
너 자신은 안길 곳 없어 서글플 터
나는 그런 너에게서 참 길을 깨친다
나를 잊을 정도로 너에게 잠겨가며

바람이 몰아쳐 내 맘을 뒤흔들어도
내가 안식할 곳은 말 없는 너뿐
내 번뇌의 굴레를 벗겨준 너
아, 너의 품에 안겨 누리는 이 자유
그 무엇인들 너를 대신할 수 있으랴

내일엔 내일의 해가 뜨고 지겠지만
새로운 세상도 너의 침묵에 잠기겠지

미래의 값

인생길 고비노인
세월 따라 해 맞는데
젊을 땐 만리 내일
이젠 왜 지척인가

달리고 달려도
까마득 멀던 내일
어느 날 느닷없이
내일을 맞으란다

창조주가 만든 시간
누구에겐 한순간
누구에겐 백년 넘이
그게 미래의 값이라니

본향

가는 길 덮쳐오는
안개 속을 걸으며
망각의 늪도 벗어났건만
이젠 돌아갈 곳이 없어
구름 너머 그 너머
내 본향에서
영혼의 안식을 취하려 하노라

그대여, 등불을 켜 마음을 보게나

황량한 들판
바람만 갈대숲 헤치는 거기서
그대 무엇을 찾고 있나요

친구들 모두 떠나고
임마저 그대 곁을 떠났는데
그대 누구를 기다리나요

그리움은 물망초로 피어나고
만남은 시간을 씹으며 세월을 삼키는데
그대 언제까지 거기 있으려뇨

그대가 찾는 것은
이제 이 세상 어디에도 없는 것이니
마음을 비우고 마을로 내려가세

가을밤 저 별무리에서
그대가 찾으려는 것도 기다리는 임도
만날 수 있으려나

모든 게 손에 잡힐 듯하지만
보이는 건 무상일 뿐이니
그대여, 등불을 켜 마음을 보게나

성야의 침묵

성야의 침묵이 망아(忘我)로 이어진다
침묵은 나에게 나를 버리라고 외친다
침묵은 내가 내가 아니라고 말한다
침묵이 내 몸에 성수를 쏟아부었을 때
비로소 나는 내가 아님을 깨달았다

그 순간 후에 존재하는 실재
메시아의 피로 축배를 들고
축제의 광란으로 흥분의 필로스
나와 너, 그리고 우리가 연결된 교제
메시아의 환상에 내 몸이 휩싸였다

성야의 침묵이 나를 엄습하는 순간
내 몸에 솟는 뜨거운 열기
그리고 눈물
나는 그 순간에
아우구스티누스의 참회록을 펼쳤다

신화

- 별의 탄생

생과 사의 경계에서
짙게 드리워진 안개 속으로
길 더듬으며 한발씩 옮겨가다 보니
어느덧
고해의 바다를 건너게 되었네
그날 세상은
별 무리에서 새 별 하나를 보리니
내 영·혼·육이 분리되는 찰나이어라

애천

애천(愛泉)
이보다 성스러운 게 무엇이랴
수정보다 맑고
금보다 무거우며
바다보다 깊은 곳
거기서 우주가 탄생했고
인간이 생겼으며
예수도 붓다도
그곳에서 이곳으로 왔으니
우주를 빨아들이고
잉태할 수 있는 곳
블랙홀
어머니여라

오소서 임마누엘

오소서 임마누엘 주님을 기다립니다
온누리 성광되어 어둠을 밝혀주소서
간절한 마음으로 기도를 드리나이다
주께서 내게 오사 기도를 들어주소서

내 죄로 더럽혀져 영원히 죽게 됐으니
주님의 권능으로 내 죄를 씻어주소서
만유의 주님이여 내 몸을 드리나이다
주께서 내게 오사 내 몸을 받아주소서

하나님 독생자로 내 죄를 씻어주시려
나에게 오셨으니 주님을 맞이합니다
온몸과 이 마음을 주님께 드리나이다
주께서 영생으로 내 영혼 인도하소서

목자

저 산등성 초원을 보라
해가 뉘엿이 지는데
어린양 품에 안고 오는 목자
흰옷 걸친 가냘픈 모습
미소 띤 구릿한 얼굴엔
황금빛 드리워져 있네

저 어린양의 얼굴을 보라
목자의 품에 안기어
벼랑에서 떨어질 염려도
늑대의 위험도 없으니
얼굴엔 평안의 기쁨이
눈엔 구원의 감격이 넘치네

등불을 켜 어둠을 밝혀라

아담과 이브

1
해가 솟아오르니 하루가 시작되고
하루가 시작되니 다람쥐가 돼간다
아침은 커피 한잔, 점심은 구내식당
회식 후 3차까지 이어진 술 고문

집은 불 꺼졌으니 죄인 된 마음 들어
도둑걸음으로 기어들어 눈 한숨 붙이는데
자명종 소리에 깨 새날을 맞으며
오늘도 다람쥐는 쳇바퀴 위를 달린다

지난 주말엔 골프, 이번 주말엔 등산
때로는 바다낚시, 지루할 땐 해외여행
가끔 값싼 로맨스도 삶의 양념으로
건강검진 빨간불, 이제 후회한들 뭐하랴

2
얼굴엔 영양 크림, 주름살 잡는 크림
목에까지 선크림 바르고 해가리 유령 가면
손에는 양산 들고 팔뚝에는 긴 토시 끼니
귀신인들 알아보랴, 알아보면 귀신이지

아침은 샐러드와 크루아상, 점심은 청평 카페
저녁엔 배달음식, 그리곤 화장 지우기 1시간

아, 에덴에서보다는 너무너무 신난다
샴페인으로 밤마다…, 내일 만남에 설렌다

이브의 사과는 씹을수록 꿀맛 나는 수다
뱀에게 늘 감사, 개 덕에 이런 생활도 하고
에덴은 너무 심심하지만, 여기는 너무 재밌어
늙기 전에 놀자, 가기 전에 놀자

3
아담은 성인병으로 이브는 부인병으로
해 맞기도 전에 어디론가 연년이 떠났다
아, 그대들이여, 이렇게 살면서 행복했는가
한 시간 후 화장, 뼛가루만 한 줌씩 남겼다

광야의 동굴에서

임이여!
오늘은 바람이 세차게 불어오네요
가시나무 숲의 애잔한 우짖음
구슬픈 소리로 다가옵니다
시원의 아픔으로 들려옵니다

바람이 휘몰아치며 다가올 때마다
나는 당신 가슴에서 평안을 찾아요
나의 손을 잡고 있는 당신의 손에서
나는 외경스러움에 몸을 떨기도 했어요
당신의 거룩한 손, 거기에서 항상
나는 당신의 사랑을 느끼곤 했어요

내가 피폐한 몰골로 당신을 찾을 때마다
당신은 광야의 동굴에서 나를 맞아주었죠
우수의 계절이 나에게 고독을 안겨줄 때마다
당신은 따뜻한 가슴으로 나를 안아주었죠
당신의 비의(秘義)를 깨치는 순간
나는 나 자신을 찾은 희열에 눈물지었어요

임이여!
내가 어리석어 당신의 손을 놓으려 해도
나의 손을 놓지 말아요
내가 나락으로 떨어지지 않도록 잡아줘요

당신의 가슴은 탕자의 고향이에요
가슴의 체온으로 나를 성결케 해주신 당신
나를 이처럼 사랑하고 있는 당신

당신은 몸까지 내주며 나를 사랑했어요
당신의 사랑은 내 마음을 성결케 했어요
당신은 생명의 힘으로 나를 감싸주었어요
아! 당신의 영원한 사랑
내 몸속에 살아 있는 것,
나는 알아요, 믿어요, 영원히!

감사

꽃이 꽃으로 보이기에
개울 물소리, 바람 소리가 음악으로 들리기에
아름다운 걸 아름답다고 말할 수 있기에
밤하늘 예달별과 속삭일 수 있기에
나의 삶은 감사로 이어져가오

계절이 바뀌는 철마다 가슴이 고동치는 소리
꽃과 바다와 낙엽, 눈 내리는 겨울 애모의 떨림
하늘 어디선가 만나게 될 그 초월적 존재
나를 이루어 온 이 많은 축복
내 어찌 한순간이라도 감사를 잊으리오

내 삶에 생명으로 감쳐 오는 것에 감사하노라

작품해설

효과적인 시 쓰기, 그 실체를 증명하다

김 순 진(문학평론가 · 고려대 평생교육원 교수)

작품해설

효과적인 시 쓰기, 그 실체를 증명하다

김 순 진(시인, 고려대 평생교육원 시창작과정 교수)

시에 있어 화자란 누구일까. 시인 자신일까? 아니면 시인과 다른 독립된 개체일까? 시는 어떻게 쓰이는 것일까? 시를 오래 쓴 시인들에게는 공공연한 비밀의 방법이 있다. "시란 짓는 것이 아니라 받아쓰는 것이다." 또 "보는 만큼 쓴다." 지금까지 많은 사람들은 시인을 일컬어 '시를 짓는 사람'이라 생각해왔는데, 누구의 말을 받아쓴다는 말인가? 또 무얼 보아야 한다는 말인가? 시에 있어 화자란 시 안에서 말을 하는 사람이다. 곧 시를 끌고 가는 주체이다. 이 주체는 시인 자신일 수도 있고 나무일 수도 있고, 바람일 수도 있으며, 사물 자체이거나 다른 사람일 수도 있다. 모든 시인이 자기의 눈으로만 사물을 보는 것은 아니다. 남성 시인이라 할지라도 아내의 눈이나 딸의 눈으로 사물이나 사건을 읽어낼 수 있는 것이다. 예를 들면 일본제국주의 시절 전쟁터로 끌려간 위안부 여인들의 마음을 써낼 때 남성 시인이 남성의 시각만으로 써내기란 무리다. 혹시 가해자나 위안부의 부모가 되어 시를 쓸 수는 있다. 그렇지만 가장 좋은 방법은 위안부 자신의 마음으로 써내려가는 것이 좋은 방법일 것이다. 그렇다면 남성 시인이라 할지라도 위안부의 마음으로 시를 써야 하지 않겠는가? 따라서 시에 있어 화자를 시인 자신이라 보면 안 된다. 그렇게 볼 때 한승홍 시인이 써내고 있는 일련의 시편들은 모두 그때그때 화자를 내세우면서 현실참여 문학으로써 시적 가늠자 역할을 제대로 해내고 있다. 한승홍 시인은 내면에서 억지로 시를 지어내지 않는다. 이를테면 지식자랑에 치우치거나, 현학적 감정에 휩쓸려 자아도취에 빠지는 것이 아니라, 현실참여에 치중하면서, 사물이나 역사가 하는 말을 받아쓰고 있는 것이다. 나는 이번 시집의 제목이 된 시 「유리온실」을 읽으면서 그가 사물에 관하여 얼마나 깊고 예리한 시각을 가지고 시를 받아쓰고 있는가에 감탄했다. 한승홍 시인은 애써 시를 지으려 끌탕하지 않는다. 그는 우선 대상에 대하여 가만히, 지긋이, 그윽이, 자연스레, 물끄러미 오랫동안 바라본다. 그 후에 보이는 것들을 기술하고, 기술된 것들을 시적 용어로 퇴고하며, 시적 용어로 퇴고된 것들을 다시 첨삭하거나 재구성하면 매우 좋은 시를 생산해내는 훌륭한 시인이 될 수 있는 것인데, 한승홍 시인의 시적 진술이 그런 방법으로 생산되고 있음을 보고 무릎을 치는 것이다. 그러면 한승홍 시인께서 어떤 현상과 주제에 관하여 관심을 가지고 있는지, 그런 관심들은 우리에게 어떤 영향을 미치는지에 대하여 그의 시 몇 편을 읽어보면서 그의 정신세계를 여행해 보자.

기다리다 지쳐 눈은 침침해져 가고
이젠 몸도 많이 늙어 병들어간다
머리숱도 줄어 모습은 추하게 되었고
얼굴엔 주름이 깊어가며
뺨은 늘어져 탄력이 없다
이젠 그대가 떠나던 날의 내가 아니다
그런데 그게 무슨 문제란 말인가
세월도 내 맘속 그대를 가져갈 수 없거늘
내 늙음이 그대를 보낼 수 있으랴
문제는, 오직 한 가지
젊음은 맑은 호수요
늙음은 깊은 바다라는 것
하지만 아무도 그 속을 모른다는 것이다
그대와 나 외에는

- 「그런데 그게 무슨 문제란 말인가」 전문

나이가 들면 주변사람들이 하나둘씩 하늘나라로 이주를 시작한다. 친구가 이주를 하는 경우에는 며칠 동안의 스트레스를 받는다고 한다. 그런데 배우자가 이주를 하는 경우에는 거의 따라가고 싶은 지경이라고 한다. 헛것이 보이고, 헛소리가 들리고, 혼자 잠들라치면 가위눌리거나 죽은 사람이 와서 자기네 집에 가자고 한다는 것이다. 전에 할머니 말씀을 소개하자면, 죽은 사람들이 꿈에 나타나 자기네 집에 가자고 해, 억지로 따라가려면 길이 험해서 못 가고 그만 잠에서 깨게 되는데, 그러면 며칠씩 앓으시곤 했다. 늙는다는 것은 새로운 곳을 향해 항해를 떠날 채비를 하는 것이다. 흔히 늙는다는 것은 퇴화 자체로만 보는 사람들이 있다. 그러나 늙는 것 또한 신진대사다. 젊어서는 군대에 가지만 늙어서는 모든 환경이 적이 된다. 마르크바르트는 그의 저서 『늙는 것에 대하여』에서 “늙으면 늙을수록 자기를 둘러싼 세상은 더욱더 구체적인 의미에서 적대적이 됩니다. 층계는 오르기 더 힘들고, 도로는 건너가기 더 위험하고, 짐은 더 들기 힘들어집니다.”라고 말한다. 우리는 생을 이분법으로 나누는데 위험성을 가지고 있다. 남자와 여자로 구분되는 시기는 출산의 시기일 뿐이다. 50대가 넘어서면 서로 젠더화된 몸을 가지게 된다. 섹스가 필요치 않고, 그저 사람으로서 존재하게 된다. 늙음과 젊음을 나누는 것은 위험한 발상이다. 신체적 리듬이야 느리고 힘이 빠지고 외모가 달라질 수 있다. 그렇지만 생각이 느리고 힘이 빠질 필요는 없다. 최근 프랑스의 71세 노인이 드럼통을 타고 대서양을 횡단해 화제다. 그는 석 달 동안 4,500Km를 횡단해 대서양을 건넜는데, 과거에도 ‘세일 보트(범선)’를 이용해 대서양을 4번 횡단한 적이 있다고 한다. 늙으면 힘으로 속도로 하는 일을 도모하지 말고 아이디어와 지혜로 할 수 있는 일을 도모하면 되는데, 그것이 시집 출판 같은 일이다. 한승홍 시인께서는 지난여름에 시집을 내셨는데, 불과 세 계절 만에 시집을 또 내시려 하니 이런 기개를 어느 젊은이가 따라갈 수 있겠는가? 그는 생각의 청년이다. 생각의 마라톤 선수, 생각의 씨름 선수이다.

나의 하루는 혈압 재어 S플래너에 입력하고
카누 커피 마지막 모금 넘기며 시작한다
30분쯤 지나선 아스피린 100mg 한 알이 후식으로 주어진다
오늘 아침까지 대충 7천 정이 내 핏속을 흐르고 있다
이 작은 알약이 무엇이기에
나는 설명서를 읽어가다 안경을 벗어버렸다
대충 50자 × 70줄 = 3,500자의 깨알 같은 설명서
그런데도 아직 혹사당한 눈이 아리다
또다시 용기 내어 읽어가도 알듯 모르는 생소한 용어들
어쨌든 아스피린 한 알의 마법은
나의 하루를 개운하게 한다는 것이다
어쩌다 건너뛴 날에는 찝찝하고 께름칙하니
이 약이 내겐 심리적 안도감까지 제공하는 셈이다
50대 말 즈음에 가정의가
"'심혈관질환 예방약(협심증, 심근경색 등)'인데
하루에 한 알씩 보약 삼아 복용하라"며 건네준 처방전
커피와 아스피린의 궁합은 괜찮나
지금까지 내 뱃속에서 별 탈 없이 지내긴 하던데

– 「아스피린」 전문

아스피린은 인류가 개발한 매우 중요한 약이다. 종이가 발명되기 전에는 파피루스 줄기를 말려서 그곳에 글을 써왔다. 기원전 1543년경에 쓰인 『파피루스』 기록에 따르면, 기원전 3,000년경부터 고대 이집트인들은 버드나무를 진통제, 소염제로 사용했다. '의학의 아버지'라 불리는 고대 그리스의 히포크라테스 또한 기원전 400년경, 버드나무 껍질을 고통을 완화하고 열을 내리는 목적으로 이용했다. 독일의 제약회사에서 일하던 펠릭스 호프만은 아버지도 류머티스를 심하게 앓아, 아버지의 지병을 고쳐 드리려고 버드나무에서 추출한 약품으로 아스피린을 만들어냈다. 다음백과사전에서 검색해보니 "혈소판 응집을 억제하여 혈전 생성을 방지함으로써 심혈관계 질환을 예방하는 약"이라 나와 있다. 그러니 너도나도 아스피린 100mg을 복용하고, 미국만 가면 미국산 아스피린 100mg을 사오거나, 미국이민자들이 고국에 들어올 때 선물로 사가지고 오나 보다. 한승홍 시인께서도 내 몸속에 7,000알이 흐르고 있다고 하시니 아스피린을 20년쯤 복용하셨나 보다. 가끔 나는 약병에 쓰인 글씨에 화를 내곤 했다. 왜 그렇게 작은 글씨로 읽을 수도 없게 써놓았는지 불쑥불쑥 화가 치민다. 약병을 넣은 종이박스 안에 큼지막하게 설명해놓아도 될 터인데, 그 종이박스 안에 든 설명서조차 너무 작게 써놓아서 글씨를 읽을 수가 없다. 그런데 한승홍 시인은 "어쨌든 아스피린 한 알의 마법은 / 나의 하루를 개운하게 한다는 것이다 / 어쩌다 건너뛴 날에는 찝찝하고 께름칙하니 / 이 약이 내겐 심리적 안도감까지 제공하는 셈이다"라며 약효를 신뢰하신다. 부작용도 있다. 소화가 잘 안 되는 사람이나 천식이 있는 사람, 혈우병이 있는 사람, 간장이나 심장, 심부전 환자는 몸 내부에서의 출혈이 있을 시 지혈이 어렵다고 한다. 아무튼 나이가 들면 몇 가지씩 성인병을 가지고 산다. 나 역시 혈압약과 당뇨약을 날마다 먹는다. 게다가 가끔 간장약도 먹는다. 의사선생님께서 운동하라, 절주하라 주문을 하지만 잘 지키기가 어렵다. 옛날 같으면 벌써 죽었을 목숨일 런지도 모른다. 그런데 요즘은 의학이 인간의 생명을 20년 쯤 늘려놓았다. 100세시대란 말이 그 증거다. 내가 어렸을 때 시골동네에서는 환갑을 넘기기 어려워서, 쉰 살 좀 넘긴 사람이 모내기에 나오면 좌상이라 해서 논두렁 가에 앉아 못줄이나 잡아주며 하루 일당을 쳐주는 좌상노릇을 했고, 아버지 세대들은 80세를 천수를 누린 세대로 여겨왔는데, 이젠 100세를 꿈꾸고 있으니 말이다. 오래만 산다고 다 좋은 것은 아니다. '무엇을 하며 살 것인가'와 '무엇으로 살 것인가'가 중요하다. 즉 일이 있느냐 없느냐, 재화를 보전할 능력을 가지고 있느냐가 관건이다. 자식들에게 의지하고 살려면 이만저만 구박덩이가 아니니다. 육체건강을 위해 아스피린을 복용하지만, 정신건강을 위해 시 한 줄 쓰지도 읽지도 않는 사람들에게 시는 정신건강의 아스피린이라 말하고 싶다.

햇살이 발코니 유리벽 안으로 쏟아진다
꽃은 탄소동화 작용하고
나는 세포 구멍마다 칼슘 채우며
꽃에 말을 건다
“너희들 달보드레하게 키워주던 엄마 생각나니?”
꽃잎이 흐느끼듯 흔들리는 게 내 한숨 때문인가
내 몸은 이미 이곳의 한 식구
해를 나눠 먹고
물을 나눠 마시며
서로 뿜어내는 내음
들숨 날숨으로 평화롭게 공유하며
서로의 시간을 채우고 있다
꽃이 피고 잎이 자라는 시간
내겐 너무 멀리 있어 별빛으로 다가오는
가신님 연모하며 애수에 잠기곤 하는 시간
이젠 해도 많이 기울였는데
아직도 우릴 덮고 있는
우리의 숨결이 섞인 향기와 입김
유리온실의 열기가 꽃잎엔 물 한 모금
내겐 커피 한 잔을 갈망케 한다
날씨가 모처럼 화창한데 한강은 왜 이리 우울한가
검은 물결, 말없이 흐르는 서글픈 표정
강변으로 차들만 바삐 달린다
밥 얻으려 내려가고 올라오는 차들
오늘도 하루 치 늙음이 자동이체되었다

그만큼의 시간이 내 통장에서 자동 인출되어
이젠 몸뿐만 아니라 통장도 깃털처럼 가벼워졌다
어차피 통장은 '잔액 0'이라 찍히는 순간
귀퉁이가 잘리고 마그네틱 띠가 뜯기곤
파쇄기를 거쳐 소각장으로 갈 텐데
유리온실 나오며 내일도 온다고 약속을 했다
꽃잎에 흐르는 눈물이 애처롭다
무얼 안다고

- 「유리온실」 전문

한승홍 시인의 시적 완성도가 이렇게까지 단단할 줄은 몰랐다. 한 시인께서 등단해 시인의 면허증을 가지신 지가 얼마 되지 않는데, 이제 시의 베스트드라이버가 되신 듯하다. 나는 등단이란 이름을 운전면허의 취득이라고 생각해왔다. 2017년 말에 등단하신 시인께서 아무리 평생 시를 동경해왔다고는 하지만, 전문적으로 배우신 바 없는 분의 시가 이렇듯 공감각의 이동이 자유롭고, 이토록 관찰의 사유가 부드러울 수 있다는 사실에 무릎을 친다. 이런 시는 지금 당장 내 놓아도 『창작과비평』이나 『문학과지성』에서 통할 수 있는 시라 평가한다. 한승홍 시인은 아마 집에 많은 식물을 가꾸며 사시나 보다. 남향 발코니에 만들어진 유리온실 안의 꽃, 즉 식물과 동물인 자신은 같은 식구란 논리가 눈에 쏙 들어온다. 식물과 "해를 나눠 먹고 / 물을 나눠 마시며 / 서로 뿜어내는 내음 / 들숨 날숨으로 평화롭게 공유하며 / 서로의 시간을 채우고 있"는 둘의 사이에 대한 설명은 식구란 말로 충분하다. 한승홍 시인의 사모님께서는 하늘나라에 가신 듯하다. 그러니 홀로 커피를 마시며 홀로 꽃들을 돌보고 있다. 어쩌면 인간은 식물 없이 살 수 없는 존재인지 모른다. 앞서 말한 바와 같이 아스피린처럼 식물에서 약재를 구하고, 그 그늘에서 쉬고, 목재로 집을 짓고 살고 있으니 말이다. 그런데 한승홍 시인은 식물을 함께 살아야하는 존재로 생각하고 있는데 대하여 주목할 필요를 가진다. 한승홍 시인은 빛을 나누어먹고 물을 나누어 마시고 서로의 숨을 나누는 존재로 생각한다. 생태주의적 관점이다. 에콜로지즘 관점이다. 생태주의란 함께 살아가는 친구로서의 개념이지, 함부로 훼손하고 분재처럼 억압해서 기르며, 꽃을 피우지 않으면 아무 때나 버리는 개념이 아니다. 우리는 개나리와 진달래를 피지 않아도 개나리 진달래라 부르고, 꽃이 피고 져 잎만 무성해도 개나리 진달래로 부른다. 겨울이면 죽었는지 살았는지 모를 정도로 꽁꽁 언 채 서 있지만, 우리는 진달래 개나리가 늘어선 산길을 오르곤 한다. 식물을 기르는 것이 아니라 식구의 개념으로 생각하는 한승홍 시인의 식물에 대한 관점은 우리들이 배워야 할 관점이다. 한승홍 시인은 "오늘도 하루 치 늙음이 자동이체되었다"며 자신이 늙어가는 것에 대하여 담담히 수용하고 있다. 늙는 것은 태풍 불 듯

지진 오듯 그렇게 갑자기 오는 것이 아니라, 봄이 오듯, 여름이 가듯 그렇게 시나브로 조금씩 조금씩 다가오는 것이다. 그러니 갑작스런 마음이 들지는 않겠지만, 그래도 거울을 보면 문득문득 '내가 언제 이렇게 늙었지?', '나도 늙어가고 있구나!', '세월을 가시로 막을 수는 없지.' 그런 자조 섞인, 자탄의 말을 하면서, 폭풍 전야의 기분을 느낄 수도 있다. 그러나 늙는 것 또한 성장의 일부다. 늙음현상은 체중을 줄이고, 근육을 줄이며, 활동량을 줄이는 대신, 이해를 늘이고, 용서의 근육을 만들며, 포기의 활동량을 늘이는 성장의 한 방식임을 우리는 알아야 한다.

아무리 더해도 늘어나지 않고
아무리 빼도 줄어들지 않으며
아무리 곱해도 불어나지 않고
아무리 나눠도 작아지지 않는
한마디로 말해서
+ − × ÷의 틀거지를 넘어선 한
이런 걸 사랑이라 하지 않을까

– 「틀거지를 넘어서」 전문

나는 학교교육에서 왜 그렇게 어려운 수학공식을 가르쳤는지 의문이 간다. 내가 환갑의 나이를 살아본 결과 지금까지 '+ − × ÷' 사칙 연산만 써 왔을 뿐, 방정

식도, √(루트)도, ∑(시그마)도, ∫(미적분의 함수)도, 뫼비우스의 띠도 필요치 않았다. 아예 단 한 번도 써본 바 없다. 그저 수중에 20,000원이 있었는데 막걸리 한 병 사고, 파 한 단 사고, 라면 5봉지 사니 3,500원이 남았다는 식의 뺄셈과, '어 돈이 왜 이거 밖에 안 남았지?'라며 거슬러 올라가 막걸리 값과, 파 한 단 값, 라면 5봉지 값을 더해보는 덧셈만 해왔을 뿐이다. 무엇을 사서 뻥튀기를 해보고 싶은 마음, 즉 곱하기는 내 인생에 없었지만 심중에는 늘 존재했고, 절편 한 말을 해서 10조각씩 봉지봉지 문학기행 버스에 올려 나눠먹고 싶은 마음은 늘 가지고 살았다. 나는 한승홍 시인께 또 한 수 배운다. 생의 사칙연산은 늘어나거나 줄어드는 것이 아니란 말씀, 사랑의 사칙연산은 아무리 주어도 늘어나지 않으며, 아무리 받아도 빼지지 않는다는 말씀에 공감한다. 사랑하는 사람에게 아무리 사랑을 많이 나눠주어도 내가 사랑하는 사람은 두 명이 되거나 반쪽으로 줄어들지 않는다. 사랑에 사랑을 곱하고 곱해도 사랑은 그저 든든한 버팀목 같은 것이라서 살림살이처럼 늘어나지도 않으며, 나누고 나누며 쪼개고 또 쪼개주어도 사랑은 줄어들지도 않고 화수분처럼 샘솟는다. 말하자면 사랑은 사칙연산 같은 셈방식으로 이룰 수 없다는 말이다. '내가 금반지 다섯 돈을 해주었으니 너도 내게 금반지 다섯 돈을 해주어야 한다.' '내가 집을 바래다주었으니 너도 나를 바래다주어야 한다.' 그런 방식의 논리로 사랑을 이룰 수는 없다. 어머니가 우리에게 무조건적 사랑을 내어주셨듯이, 나도 배우자에게, 사랑에게 무조건적으로, 무제한적으로, 무계획적으로, 무보수적으로, 무기한적으로 헌신봉사하고 내어주는 것이다. 그럴 때 행복을 얻는 것은 상대방이 아니라 내가 된다.

사랑에 없는 것은
쉼표 물음표 마침표

사랑에 있는 것은
줄표 느낌표 묶음표

사랑이란
네가 내 안에서
내가 네 안에서
한 몸으로 되어가는 과정

– 「사랑에 관한 질문 세 가지」 전문

역시 젊은 사람은 어른들의 생각을 능가할 수 없을 것 같다. 나는 지금껏 사랑에 "쉼표 물음표 마침표"가 없다는 것을 몰랐다. 사랑하다 힘들면 쉬어도 되는 것인줄 알았다. 왜 나를 사랑하느냐고 물어봐야 되는 것인 줄 알았다. 이제 그만 사랑하겠다. 마침표를 찍어도 되는 것인 줄 알았다. 그런데 한승홍 시인의 말씀을 들으니 정말 사랑에는 쉼표가 없다. 어릴 적 첫사랑은 지금도 쉬지 않고 내 안에 살고 있다. 한승홍 시인의 아내는 그의 곁을 떠났지만 그는 여전히 그녀를 사랑한다. 한때 사랑했던 사람이란 말은 없는 것 같다. 한때 사랑했던 사람은 지금 사랑하지 않는 사람이 아니라, 사랑의 감정을 표현할 대상이 보이지 않는다는 말로 들린다. 첫사랑이란 상대방이 또 다른 사랑을 찾아 떠났기 때문에, 볼 수 없는 사랑이기 때문에 사랑을 전할 대상이 보이지 않기 때문에, 사랑하는 마음을 전하지 않고 있을 뿐, 그 사람을 사랑하지 않는 것은 아니다. 쉼표처럼 쉬었다가 사랑하는 것이 아니라 계속 사랑하지만, 여전히 사랑하지만, 내 가슴 속에 살고 있어 문득문득 생각나는 사랑이지만 표현할 방법이 없는 것뿐이다. 사랑에 이유는 없다. 왜 그렇게 좋은지 왜 그렇게 죽도록 사랑하는지, 왜 그녀가 없으면 죽고 싶은지 이유가 없다. 나는 왜 그녀를 사랑하는지 모른다. 다만 그냥 사랑하고 싶어서 사랑할 뿐이다. 물음표가 없다. 다만 내 가슴이 그렇게 시키므로 그렇게 하는 것이다. 이 세상에 가장 위험한 무기가 있다. 총일까, 대포일까, 칼일까, 돈일까, 마약일까? 그 무기는 바로 사랑이다. 사랑 앞에서는 전쟁을 불사한다. 죽음을 불사한다. 모든 것의 포기가 가능하고 모든 것의 동원이 가능한 것이 사랑이다. 그러니 사랑에 물음표가 필요치 않다. 사랑은 다만 그렇게 하고 싶은 것이지 '왜 그런 것인지',

'왜 그래야 하는 것인지', '왜 그토록 갈망하는 것인지'에 대한 물음표는 없다. 한승홍 시인의 말씀대로 "사랑에는 마침표도 없"는 것 같다. 나는 일찍 어머니를 여의었지만 지금도 어머니를 너무나 사랑한다. 점점 더 사랑한다. 어떤 날이면 피눈물이 나도록 그립기도 하다. 5년 전에 돌아가신 아버지에 대한 사랑도 그렇다. 그렇게 무정하게만 보였던 아버지, 무조건 족보와 집안일에만 나를 밀어 넣으려 하셨던 아버지가 왜 그러셨는지 이젠 알 것 같다. 온전히 가문을 사랑하셔서 대대손손 사랑하는 사람들을 만들기 위하여 나를 당신 대신 가르쳐 그 사랑의 고리 안에 넣어주려 하셨던 것 같다. 그러니 사랑에는 마침표가 없는 것이다. 한승홍 시인이 아내에 대한 그리움도 그럴 것 같다. 점점 더 그리워지는 사람, 어떤 날이면 피눈물이 나도록 그리운 사람이 아내일 것 같다. 이 시집의 곳곳에는 아내를 향한 그리움이 뭉청뭉청 묻어나 있다. 그런 시인의 마음을 읽으니 어릴 적 어머니가 돌아가셨을 때 아버지가 날마다 산소에 가서 우시던 생각, 그리고 평생 그리워하며 사셨던 이유를 알 것 같다. 사랑에는 마침표가 없다. 한승홍 시인은 사랑에 있는 것을 크게 세 가지로 "줄표 느낌표 묶음표"로 정리하고 있다. 얼마나 많은 것들을 열거해놓고 줄이고 줄이신 결과일까 알 것 같다. 사랑에 있는 것이 어디 세 가지 뿐이랴. 사랑에는 무모함도 있고, 도전도 있고, 질투도 있으며, 희생도 있고, 보호도 있을 것이다. 그렇지만 한승홍 시인은 이들 모두를 위의 세 마디 "줄표 느낌표 묶음표"에 포함시켜 놓은 것이다. 그러니 "사랑이란 / 네가 내 안에서 / 내가 네 안에서 / 한 몸으로 되어가는 과정"이라는 말로 정리할 수 있는 것이다. 사랑은 둘을 통한 우주의 생성이다. "한 몸이 되어가는 과정"으로 향할 때 행복이 주어지고 서로 떨어지는 과정으로 향할 때 슬픔이 주어진다.

어릴 때 나는 여자와 남자를 구별 못 했지
초등학교 시절엔 여자가 약하다고 생각했지
사춘기부터는 여자가 꽃으로 보였지
20대엔 여자가 보티첼리의 비너스로 보였지
중년 돼서야 여자가 위대하다는 생각을 했지
나이가 더 들곤 여자가 남자보다 강하다고 느꼈지
정년 즈음엔 여자가 집이라고 느꼈지
70대가 되어선 여자가 남자의 어머니란 생각을 했지
요즘엔 나를 떠난 그 여자만 내 여자였단 걸 알았지
그런데 그 여자는 내가 뭘 물어보려는데 떠나 버렸지
"너에겐 내가 누구였느냐?"
"쓸데없는 소리 고만하고 잠이나 자요!"
분명 그 여자의 목소리였다
"잠이 와야 잠을 자지!"
아, 이렇게 또 이 밤을 보내는구나
고독한 밤, 외로운 밤, 어둠에 묻힌 밤

– 「여자, 그리고 그 여자」 전문

남자에게 있어 여자를 빼놓고는 이야기할 수 없다. 하나님은 어떻게 그렇게 사랑이라는 감정을 우리의 가슴 속에 잘 숨겨놓으셨는지, 과히 혀를 내두를 지경이다. 외모가 다르고 구조가 다르고 목소리가 다르고 힘이 다르고 행동이 다르며, 향기가 다르고 취향이 다르고 분위기가 다르고 눈매가 다르고 성격이 다른 사람, 여자다. 그런데 남자는 그렇게 다른 여자를 향해 모든 촉수를 뻗어 살고 있다. 한승홍 시인이 정의대로 남자가 생각하는 여자의 정의는 나이에 따라 다르다. 어릴 때는 젖을 주는 여자를 만났고, 초등학교 땐 그냥 친구로서의 여자, 중학교 때는 꽃 같이 아름다운 여자, 그리고 성년이 되면 가지고 싶은 여자였고, 중년이 되면 위대한 여자를 느끼게 된다. 그리고 남자를 제어하는 여자를 만나는 중년을 넘어서 정년기에는 돌아가야만 하는 여자가 되었고 지금 한승홍 시인은 유년에 만난 어머니 같은 여자를 느낄 즈음인데, 그 여자는 지금 한승홍 시인의 곁에 없다. 무얼 물어보고 싶고, 투정부리고 싶고, 칭찬받고 싶은데 그 여자가 곁에 없다. 오직 나만을 위해 살아준 여자, 나만의 여자가 내 곁에 없다. 모든 여자는 여자가 아니었고 오직 나만의 여자, 아내만 여자였음을 깨달았을 때 그녀가 내 곁에 없으니 얼마나 외로우실까? 그렇지만 시인은 그렇게 생각하지 않으실 것 같다. 중앙대 교수를 지낸 함동선 시인이 일찍 황해도에서 월남해 시인으로 성공하신 이유는 시의 영토인 이데아에 고향을 만들어놓고 날마다 드나들며 어머니를 만났기 때문이다. 배인환 시인은 아내가 죽자 지금 블라디보스톡을 여행 중이라며 수 년 동안 아내의 옷과 장롱 액세서리를 치우지 않고 날마다 아내의 방에 드나들면서 『라라는 블라디보스톡으로 떠나고』라는 이름의 시집을 냈다고 한다. 먼 길 떠난 아내가 그리워, 너무 그리워 잠을 못 이루면서 "너에겐 내가 누구였느냐?"물어보고 싶지만 "쓸데없는 소리 고만하고 잠이나 자요!"라는 그 여자의 목소리가 이명처럼 들린다. 물론 묻는 사람도 대답하는 사람도 한승홍 시인 자신이다. 아내에게 내가 누구였는지는 물을 필요가 없다. 묻는 자체가 쓸데없는 소리다. 나에게 있어 아내만 오직 내 여자였다는 것을 알면 된다. 꽃에게 내가 누구일 필요가 있겠는가. 내가 꽃을 알아볼 뿐이면 충분하다. 꽃과 나비와의 관계도 꽃과 벌의 관계도 꽃과 꽃잎의 관계도 꽃과 대궁의 관계도 알 필요가 없다. 사랑의 방식에서는 오직 나는 꽃을 좋아하는 사람이면 충분한 것이다.

하나님은 말씀으로 사람을 만드셨는데
어머니는 살과 피로 나를 낳으셨네

하나님은 빛으로 세상에 오셨는데
어머니는 젖으로 내게 다가오셨네

하나님은 하나님만 믿으라고 하셨는데

어머니는 너 자신을 믿으라고 하셨네

하나님은 천국에 소망을 두라고 하셨는데
어머니는 내일에 희망을 두라고 하셨네

하나님은 세상을 사랑하셨는데
어머니는 나만을 사랑하셨네

하나님은 사랑이 제일이라 하셨는데
어머니는 내가 제일이라 하셨네

하나님은 동정녀 탄생하셨는데
어머니는 육신으로 태어나셨네

하나님은 대속의 피 흘리며 승천하셨는데
어머니는 나 위해 기도하시며 돌아가셨네

천주이신 하나님
지모이신 어머니

하늘과 땅
아, 이 위대한 창세의 힘이여

– 「말씀과 피」 전문

한승홍 시인은 평생 대학 강단에서 복음을 강의하며 살아오셨다. 그래서 나는 한승홍 교수의 기독교 교리의 해박하고 전문적인 수준을 따라갈 수 없다. 그렇지만 그에게 있어 신앙을 제외하고는 말을 마칠 수 없다. 이에 신앙시 한 수를 꺼내들고 고민한다. 영성시만을 고르자니 신앙심이 쪼들리게 보이고 그렇다고 순수시만 지향하자니 그분에 대한 존경심이 쪼들리게 보이니 「발씀과 피」라는 제복의 이 시를 들고 나와 짧은 생각을 피력해볼까 한다. 하나님은 천지를 창조하실 때 말씀으로 창조하셨다. 하나님께서 형상을 구상하시고 말씀으로 부르셨을 때 천지는 하나님의 말씀대로 이루어진 것이다. 사람은 하나님의 형상대로 창조되었다. 인간은 하나님 형상으로 만들어졌기 때문에 하나님 형상의 실체이신 주님을 만날 때 참만족을 느끼게 되는 것이다. 즉 우리가 주님의 이름을 부를 때 우리는 성령의 역사하심으로 인해 부요함을 누리게 되는 것이다. 며칠 전 택시 안에서 이상한 설교방송을 틀어놓고 듣고 가는 택시기사를 보았다. 하나님을 어머니라 칭하는 설교였다. 하나님은 성이 없다. 여성 남성 중성이 아니라 그냥 하나님이다. 하나님은 창조주이시며 영원히 세상과 함께 계시는 분이다. 하나님은 우리와 같이 여자 하나님 남자 하나님이 아니라 다만 그냥 하나님이시다. 하나님을 아버지라 부르는 것은 하나님이 남성이라서가 아니라 값없이 모든 것을 주시고 항상 곁에서 보살펴주시기에 부르는 대명사로서의 아버지이기 때문이다. 시인은 우리에게 모든 것을 주시는 하나님과 나에게 모든 것을 주신 어머니를 비교한다. 비교는 할 수 있으되 비교의 대상은 아니다. 그렇지만 조건 없이 주심에는 똑같다. 다만 하나님은 세상 모든 만물에 똑같은 사랑을 주시고 어머니는 내게만 사랑을 주신다. 그런데 한승홍 시인께서 비유하시는 말은 참으로 공감이 간다. 말씀으로 만드신 하나님과 살과 피로 나으신 어머니, 빛으로 오신 하나님과 젖으로 오신 어머니, 나만을 믿으라는 하나님과 너 자신을 믿으라는 어머니, 천국에 소망을 두라는 하나님과 내일에 희망을 두라는 어머니, 세상을 사랑하신 하나님과 나만을 사랑하신 어머니, 사랑이 제일이라는 하나님과 내가 제일이라는 어머니, 동정녀에게 태어나신 하나님과 육신으로 태어나신 어머니, 우리의 죄를 사하여주시기 위해 피흘리며 승천하신 하나님과 나를 위해 기도하시다 돌아가신 어머니, 만물을 주관하시는 하나님과 내게 지혜로우신 어머니, 이는 하늘과 땅의 이치라는 말에 공감한다. 그리고 "이 위대한 창조의 힘"에 감사한다. 시에 있어 대구법은 둘을 모두 부각시키지만 결국 제3의 의미를 창출한다. "되로 주고 말로 받는다"는 말은 싸워봤자 손해니 싸우지 말라는 교훈을 준다. "병 주고 약 준다"는 말은 힘들게 맘고생시키고 위하는 척 하지 말라는 교훈을 준다. 한승홍 시인이 하나님과 어머니를 비유하지만, 아낌없이 주면 세상이 평화롭다는 뜻과 순종하면 행복하게 된다는 교훈을 안겨준다. 아무튼 하나님의 크신 사랑과 어머니의 위대한 사랑에 감사할 뿐이다.

이상에서처럼 한승홍 시인의 시 몇 수를 읽으며 시인의 마음세계를 여행해 보았다. 앞서 첫 번째 시집에서 말한 바와 같이 한승홍 시인은 시인이 되기 위해 태어난 사람 같다. 스무 살의 나이에 연세대학교 교지에 발표했던 시의 숙련도도 출중했던 만큼, 그 후 50여년을 흐른 뒤의 시적 방법은 엄청난 성장을 보이고 있다. 그는 장애를 가지고 평생을 살아오면서 조금도 장애를 남에게 드러내거나 불편하다고 여기지 않는다. 그럴 수밖에 없는 상황을 인정하고, 하나님께서 주신 복으로 여긴다. 아무리 시와 다른 세상, 관심 밖의 세상에서 일평생을 보내셨다 할지라도, 그의 시편들은 사물에 대한 그윽한 사랑과 독립된 개체로서의 존중심이 확대된 시편들이었다고 평가한다.

나는 자주 백일장 심사위원으로 가곤 한다. 그때 심사방법을 알려주기 전 글쓰기 요령을 참가자들에게 이야기해준다. 주제에 대하여 덮어놓고 글을 써나가지 말고 우선 생각의 시간을 가지라고 말한다. 최근에 나는 은평백일장의 심사위원장으로 참가자들에게 "친구, 나의 꿈, 우주"란 세 가지의 주제를 제시했다. 그런데 심사를 하면서 '우주'란 제목으로 시를 쓴 참가자들의 내용을 보면서 깜짝 놀랐다. 왜냐하면 모두 빅뱅, 광활함, 가보고 싶은 곳 등의 대동소이한 내용으로 일관되어 있었기 때문이다. 우주란 멀리 떨어져있는 세상만이 아니다. 내 몸도 우주고, 우리 가문도 우주며, 작은 화분에서 일어나는 꽃의 계속적인 생장활동 또한 우주의 일환인데, 너무 포괄적이고 큰 개념만 생각하고 있던 것이다. 그것은 시를 쓰는 방법을 지식에 의존했기 때문에 나온 오류다. 그런데 한승홍 시인은 신학대학교에서 평생 철학과 신학을 교수하셨는데도, 지식에 의한 시창작은 시도조차 하지 않으셨다. 오직 오랫동안 물끄러미 바라보는 일, 멍하니 앉아 사물과 동화되는 일, 현상을 내 안에 심고 함께 자라는 일에 치중했기 때문에 뛰어난 시적 감각을 유지할 수 있었던 것이다. 이처럼 훌륭한 시집을 두 번씩이나 출판해주신 한승홍 시인께 감사와 축하의 박수를 보내드린다.

이 도서의 국립중앙도서관 출판예정도서목록(CIP)은 서지정보유통지원시스템 홈페이지(http://seoji.nl.go.kr)와 국가자료종합목록 구축시스템(http://kolis-net.nl.go.kr)에서 이용하실 수 있습니다.

(CIP제어번호 : CIP2019020644)

한승홍 시집

유리온실

초판인쇄일 2019년 6월 10일
초판발행일 2019년 6월 17일

지은이 : 한승홍
발행인 : 김순진
편집장 : 전하라
디자인 : 김초롱
펴낸곳 : 문학공원
등 록 : 2004년 3월 9일 제6-706호
주 소 : 우편번호 03382 서울 은평구 통일로 633
녹번오피스텔 501호 스토리문학사
전 화 : 02-2234-1666
팩 스 : 02-2236-1666
홈페이지 : http://cafe.daum.net/yob51
이메일 : 4615562@hanmail.net

※ 책값은 뒤표지에 있습니다.
※ 저자와의 협의에 의해, 인지는 생략합니다.